上海对外经贸大学金融著作丛书

本丛书得到上海对外经贸大学出版基金的资助

通货膨胀目标制政策效应的 "非对称性" 研究

刘东华 著

中国金融出版社

责任编辑：丁　芊
责任校对：张志文
责任印制：陈晓川

图书在版编目（CIP）数据

通货膨胀目标制政策效应的"非对称性"研究（Tonghuo Pengzhang Mubiaozhi Zhengce Xiaoying de "Fei Duichenxing" Yanjiu）/刘东华著． —北京：中国金融出版社，2016.3
（上海对外经贸大学金融著作丛书）
ISBN 978 - 7 - 5049 - 8339 - 8

I. ①通…　II. ①刘…　III. ①通货膨胀—研究—世界　IV. ①F821.5

中国版本图书馆 CIP 数据核字（2016）第 020248 号

出版
发行　**中国金融出版社**

社址　北京市丰台区益泽路 2 号
市场开发部　（010）63266347，63805472，63439533（传真）
网上书店　http://www.chinafph.com
　　　　　　（010）63286832，63365686（传真）
读者服务部　（010）66070833，62568380
邮编　100071
经销　新华书店
印刷　北京市松源印刷有限公司
尺寸　169 毫米 × 239 毫米
印张　11.5
字数　137 千
版次　2016 年 3 月第 1 版
印次　2016 年 3 月第 1 次印刷
定价　30.00 元
ISBN 978 - 7 - 5049 - 8339 - 8/F. 7899
如出现印装错误本社负责调换　联系电话（010）63263947

总　序

上海对外经贸大学校长　孙海鸣

　　金融是现代经济的核心，而上海建立国际金融中心又是重要的国家战略，从这个意义上来说，在上海从事金融研究工作的专家是处于"中心"中的"中心"，得天时、地利、人和之便。《上海对外经贸大学金融著作丛书》的出版，正是此天时、地利、人和的产物，可喜可贺。

　　金融发展的重要性，怎么强调都不过分。金融是资源配置的先导，现代市场经济之间的竞争，在很大程度上就是金融的竞争。因此，过去20年来，上海对外经贸大学一直将金融学科列为重点发展的领域。这不仅体现了学校的战略眼光，更体现了时代发展的要求。

　　上海对外经贸大学作为我国对外经贸人才成长的摇篮，始终秉持"诚信、宽容、博学、务实"的校训精神，把改革作为学校发展的强大动力，在人才培养、科学研究、社会服务和文化传承创新等方面不断取得新的突破；始终坚持"以学生为本、以学术为魂"的办学理念，坚持将学科建设聚焦国际前沿、对接社会需求，以贡献求支持、以服务促发展，坚持将"创新、协调、绿色、开放、共享"的发展理念贯穿于学校改革发展的各项工作中，深化教育综合改革，认真谋划和扎实推动

"十三五"期间学校改革创新转型发展各项工作，全面落实党的教育方针，切实担负起立德树人的根本使命，坚定不移地推动学校建设成为高水平、国际化、特色鲜明的应用研究型大学。

近年来，学校紧密围绕国家和上海的迫切需求，主动对接上海"四个中心"、上海自贸区、国家"一带一路"以及全球科创中心等重大战略，着力破除制约学校发展目标实现的思想障碍和制度藩篱，形成多方参与、多元投入并与社会有机互动的办学机制，逐步构建院校协同发展、学术权力与行政权力相互支撑、充满活力的大学内部治理结构。其中一个重要的目标就是建立学术研究与决策咨询研究双轨并行、教学与科研协同发展的体制机制，为学科建设和学术研究夯实制度基础。学校鼓励各教研部门根据所属学科专业特点与定位目标，明确科研方向，制定各具特色的科研内容与方式。学校主动适应转型发展需要，打破传统的科研与教学相互分离局面，强化教学科研均衡发展意识，建立教学、科研、社会实践深度融合的体制机制，协调制定适应转型发展要求的制度体系，引导科研价值取向更加符合学校定位目标与社会发展需要。

上海对外经贸大学金融学科的高速发展正体现了学校的这种发展思路。金融学院于 1995 年建院，迄今已逾 20 年，是一所既年轻又具有一定历史沉淀的学院。近年来，学院的发展更是速度惊人，学院的科研积极性得到空前的提升，科研成果不断涌现。学院学术研究与决策咨询等多种类型的研究实现良性互动，既提升了学术水平，又服务了国家战略，可谓一箭双雕，成效显著。更可喜的是，在这一过程中，一大批年轻学者迅速成长起来，成为国内金融学界的翘楚。本套丛书正是他们成长过程的见证。

《上海对外经贸大学金融著作丛书》既展示了我校近年来中青年金

融学人的主要学术成果，也彰显了我校的金融学科优势、学术研究特色和学术研究能力。从选题来看，本套丛书不仅较好契合国家全面改革开放战略，而且紧密对接上海自贸区建设和上海国际金融中心建设的新需要；从内容来看，本套丛书既密切追踪当今国际金融领域出现的新现象、新问题和新趋势，又深入研究国内金融领域进一步改革开放中的热点难点问题，具有专业性、学术性、实践性和前沿性等特点。

本套丛书的出版对于进一步推动我校学科建设和学术研究工作无疑具有重要的意义，希望能够激励更多的金融学人竞相迸发出更加强大的学术热情和创新动力，为我校早日建成高水平、国际化、特色鲜明的应用研究型大学贡献力量。同时，也期待更好更多的学术成果不断涌现，为金融学院的发展继续谱写全新的篇章。

2015 年 12 月 1 日于松江大学城

内容提要

20 世纪 90 年代以来通货膨胀目标制（Inflation Targeting）的兴起是全球货币政策领域的一个重要发展。自从通货膨胀目标制诞生以来，它便受到了全球各国经济学家和政策制定者的强烈关注以及深入的探讨和研究分析，涌现出了大量的理论及实践方面的研究文献。在这些相关研究中，对其影响宏观经济的政策效应的研究始终是主要的焦点；即相对于其他货币政策而言，通货膨胀目标制下的宏观经济是否表现得更好？通货膨胀目标制是否会对采用国宏观经济状况的改善起到积极的政策效果？然而，在经济学家们运用不同的计量方法对此进行研究时，相关的研究结果却似乎呈现出了一种"非对称性"的效应。

这一"非对称性"效应是指通货膨胀目标制的宏观经济效应在工业国家和新兴市场国家之间存在着不同的表现，即对于新兴市场国家而言，通货膨胀目标制对一国宏观经济表现的改善具有积极的政策效果；但在工业国家却缺乏具有统计意义的显著性证据来证明这一效应。那么，这一"非对称性"效应是否果真存在？如果"是"，其原因是怎样的？这对我国又有何政策启示？显然，对这些问题的解答和分析具有重要的理论和现实意义。本书正是对这些内容进行分析和研究。

本书在对通货膨胀目标制的含义及其具体实施框架展开全面的阐述

和解析之后，使用多个理论模型对通货膨胀目标制的理论基础进行了分析，本书认为，在货币政策的首要目标应是"稳定物价"以及好的货币政策应该兼具规则的可信度和相机抉择的灵活性（"有约束的相机抉择"才是最优选择）这两点上取得共识对推动通货膨胀目标制产生和发展起到了重要的理论铺垫作用。

通过以上分析，使读者对通货膨胀目标制概念有一清晰认识之后，本书采用结合了 Bootstrap 检验的 DID 方法（Difference In Difference），对这一货币政策的宏观经济政策效应在工业国家与新兴市场国家之间是否确实存在"非对称性"进行了实证分析；研究结果显示，这一"非对称性"确实存在——它在新兴市场国家表现出具有改善一国宏观经济的积极政策效果，但在工业国家却缺乏足够证据来证实这一点。

那么，这一"非对称性"效应的原因何在呢？本书在使用 UC - SV 模型（Unobserved Components - Stochastic Volatility Model）定量测度了本研究样本组各国的预期通货膨胀率及其波动之后，采用以上相同的 DID 方法对"通货膨胀目标制是否稳定了通货膨胀预期"这一政策命题进行了实证研究。此研究结论与上述"非对称性"效应结合起来推论分析后，本书认为"非对称性"效应的直接原因在于，新兴市场国家采用通货膨胀目标制后促使了其通货膨胀预期稳定性的显著提升，从而给一国宏观经济的良好运行带来极大益处，但通货膨胀目标制在工业国家却不存在这样的政策影响路径。由此，通货膨胀目标制的宏观经济政策效应在工业国家与新兴市场国家之间就显现出了"非对称性"现象。

紧接着，本书采用比较分析法展开新兴市场国家与工业国家之间的对比分析，探究"为何新兴市场国家采用通货膨胀目标制后促使了其通货膨胀预期稳定性的显著提升，但在工业国家却影响不大"这背后的制度性原因。本书的研究结论是，新兴市场国家采用通货膨胀目标制后，在"内在动力"和"外部压力"的推动下，"对稳定物价的重视程度、中央银行的独立性、货币政策的透明度"等要素条件得到较大改善，从而促使了通货膨胀预期稳定性显著提升；但对于工业国家而言，由于其社会经济各方面发展的先发性，以上这些要素条件原本就普遍相对较佳，与新兴市场国家相比通货膨胀预期的稳定性也普遍相对较强，因此工业国家采用通货膨胀目标制之后其通货膨胀预期稳定性的增强程度有限。

以上研究显示出了通货膨胀目标制在新兴市场国家良好的宏观经济政策绩效和在提高货币政策可信度等制度性建设上的积极成果，那么，我国可否采用这一货币政策呢？本书在采用案例分析法对通货膨胀目标制在新兴市场国家的实践情况进行总括性的考察分析和总结其经验教训的基础上，对这一问题进行了探讨。本书的观点是，通货膨胀目标制是一个值得推荐的替代选择，并且我国已具备了采用通货膨胀目标制的基本条件。

本书是国内外相关研究中较早从"非对称性"的视角对通货膨胀目标制宏观经济政策效应展开系统研究的文献，在研究问题的切入视角和研究内容上新颖、原创性强；并且，研究内容为货币经济学的前沿和重点问题，具有重要的理论价值，对同为新兴市场国家并且货币政策面临变革和转型需要的我国也具有针对性的政策启示。

目　录

第1章
绪 论

1.1 问题的提出

20 世纪 90 年代起，国际货币政策领域呈现出一个重要发展——通货膨胀目标制的兴起:[①] 自 1990 年初新西兰首先采用这一货币政策之后，其成员国不断扩大，至今已有加拿大、英国等 10 个工业国家以及智利、南非等 20 余个新兴市场国家先后加入到了这一行列，并且还在日益增加。

通货膨胀目标制诞生以来，受到了全球经济学家和政策制定者们的极大关注，他们从不同的分析视角对它进行了持续而深入的探讨和研究，从而涌现出大量的各类研究文献。

众所周知，货币政策是中央银行通过调节货币供给量、利率等政策工具，来影响和调控一国宏观经济活动的政策措施总和。因此，对通货膨胀目标制的各类研究中，对其宏观经济政策效应的分析始终是主要的

---

① Frederic S. Mishkin 教授于 2000 年 3 月在哥伦比亚大学举办的一次宏观午餐会（Macro Lunch）上曾风趣地说道:"过去 10 年全球范围内出现了两股 IT 浪潮。一股是以电子通信、数字电视以及因特网为代表的信息技术（Information Technology, IT）浪潮，另一股则是 1990 年以来许多国家在货币政策领域所推行的通货膨胀目标制（Inflation Targeting, IT）浪潮。"转引自孔燕（2007）。

焦点。即相对于其他货币政策而言，通货膨胀目标制下的宏观经济表现是否更佳？这一政策框架对一国宏观经济的改善是否具有积极的政策效果？围绕着这一焦点，众多的经济学家运用不同的定量分析方法对此进行了研究。只是，已有的实证研究结论并不一致。

作者在阅读和梳理了这一方面的大量相关研究文献后发现，似乎存在这么一个颇令人寻味的"非对称性"现象：通货膨胀目标制的宏观经济政策效应在工业国家与新兴市场国家之间存在着不同的表现。即以新兴市场国家为考察对象的研究成果大多显示出通货膨胀目标制对一国宏观经济表现①的改善具有积极的政策效果；但以工业国家为研究样本的许多研究成果则显示缺乏具有统计意义的显著性证据来证实这一点（当然，也没有明显证据表明会恶化一国宏观经济状况）。那么，这一"非对称性"是否果真存在？如果"是"，其原因是怎样的？这对我国又有何政策启示？显然，对这些问题的解答和分析具有重要的理论和现实意义。本书正是对这些内容进行了分析和研究。

1.2　研究意义

本书所研究的内容为货币经济学的前沿和重点问题，具有重要的理论价值和实践意义。具体而言，主要体现在以下三点：

第一，通货膨胀目标制的宏观经济政策效应在工业国家与新兴市场国家之间是否确实存在着上述"非对称性"，对此问题的回答无论从理论层面还是货币政策实践层面来看，无疑都具有迫切的客观必要性和重要意义。

---

① 因为通货膨胀和经济增长最能刻画和概括反映一国宏观经济的运行状况，所以本书所表述的"宏观经济表现"主要指这两个方面的情况。

第二，假定上述的"非对称性"效应确实存在，那么通过进一步对其原因的剖析，有助于我们明确通货膨胀目标制其政策效果的传导路径和核心变量、分析这一制度必须具备的前提条件（比如，制度要求、经济要求、操作要求等）、归纳和提炼成功货币政策的共性特征。这些都是十分重要的货币经济学的理论问题，同时也是货币政策制定者最为关心的实际问题。

第三，为我国货币政策的改革和完善提供借鉴和启示。我国现代意义上的货币政策始于 1984 年（1984 年初期，中国人民银行开始专门行使中央银行职能），经过 30 年的发展，其政策工具不断丰富、宏观调控技巧日趋成熟。但同时，面临的问题点及挑战亦越发严峻。比如，缘于货币供应量的可控性与最终目标的相关性下降等原因，以货币供应量为中介目标的现行货币政策有效性的低下问题（彭兴韵，2006）；再如，在全球资本流动频繁程度加快、我国资本账户不断开放的背景下，我国货币政策应如何相应变革的问题（姜波克、朱云高，2004）等。基于这些原因，近数年来有关我国货币政策变革、转型的探讨日趋激烈，通货膨胀目标制则一直是其中一个关注、争论的焦点。而旨在对通货膨胀目标制宏观经济政策效应的"非对称性"及其原因展开研究的本著作，将从一个新的视角给同为新兴市场国家的我国提供更具有针对性的政策启示和参考。

1.3　研究框架与基本内容

本书的研究主要沿着"通货膨胀目标制是什么→其理论背景何在→其宏观经济效应的'非对称性'效应是否确实存在→如果存在，原因是什么；其政策实践情况又是怎样的→结合以上研究结论，探讨我国是否可采用之"这样的思路递进展开。基本框架如图 1－1 所示。

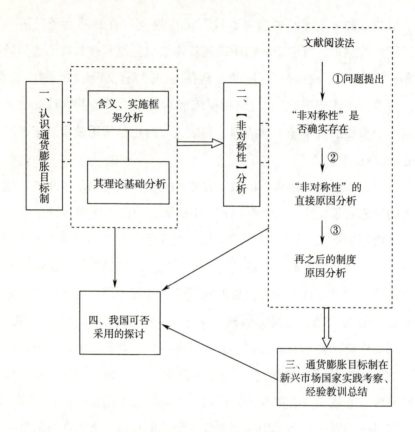

图 1-1   本书研究框架

第 2 章通过对通货膨胀目标制概念的梳理、优点及相反的"怀疑论"的探讨、通货膨胀目标制国家采用背景的分析以及其实施框架的说明等各方面内容的解析,使读者对通货膨胀目标制的整体印象有一清晰的了解。

任何一种货币制度的演进都不可能离开理论的孕育,通货膨胀目标制也不例外。在第 3 章,我们将沿着"人们对货币政策首要目标的理解从争论走向对'稳定物价'的共识""货币政策规则 vs 相机抉择的争论向'有约束的相机抉择'收束"这两条理论线索,对推动通货膨胀目标制产生和发展的理论基础展开分析。

通过以上两章的分析，读者应该在理论层面对通货膨胀目标制有了一个全面的认识。那么，这一货币政策在工业国家与新兴市场国家之间是否果真存在着宏观经济政策效应的"非对称性"呢？第 4 章我们采用结合了 Bootstrap 检验的 DID 方法进行实证分析。研究结果显示，这一"非对称性"确实存在，即它在新兴市场国家表现出具有改善一国宏观经济的积极政策效果，但在工业国家却缺乏足够证据来证实这一点。

第 4 章的研究结论必然使下一个问题接踵而至："那么，这一'非对称性'的原因何在？"第 5 章对此展开实证分析，结合研究结果我们认为，通货膨胀目标制宏观经济效应"非对称性"的直接原因在于新兴市场国家采用通货膨胀目标制后促使了其通货膨胀预期稳定性的显著提升，从而给一国宏观经济的良好运行带来极大益处；但由于它在工业国家对通货膨胀预期稳定性的提升没有明显影响，这样的政策传递路径也就不存在。由此，通货膨胀目标制的宏观经济政策效应在工业国家与新兴市场国家之间就显现出了"非对称性"。

承接着第 5 章的研究结论，在第 6 章，我们从"对稳定物价的重视程度、中央银行的独立性、货币政策的透明度"等几个制度性因素入手，展开新兴市场国家与工业国家之间的比较分析，对"为何新兴市场国家采用通货膨胀目标制后促使了其通货膨胀预期稳定性显著提升，但在工业国家却影响不大"的原因进行探讨。

第 7 章，在对通货膨胀目标制在新兴市场国家的实践情况进行总括性的考察分析和总结其经验教训的基础上，我们对我国可否采用这一货币政策进行了探讨。我们的观点是，鉴于货币供应量和汇率"名义锚"的难以为继，以及通货膨胀目标制在新兴市场国家良好的宏观经济政策绩效和在提高货币政策可信度等制度性建设上的积极成果，我们认为这一货币政策是一个值得推荐的替代选择；并且我国已具备了采用通货膨胀目标制的基本条件。

1.4 创新点

1.4.1 通货膨胀目标制相关研究概述

如上所述，通货膨胀目标制自诞生以来一直备受瞩目，众多经济学家从各种不同的分析视角对它进行了持续而深入的探讨和研究，从而涌现出大量的相关研究文献。这些相关研究的内容包罗万象、涵盖面极广，数量也可谓汗牛充栋，我们将其归纳为以下四大类。

第一类是通货膨胀目标制的理论性研究，主要包括通货膨胀目标制的内涵、本质及特点，其产生和发展的理论基础，与其他货币政策的比较等方面的研究。其中，代表性的研究有 Bernanke 等（1999）、Walsh（1998）、Woodford（2004）、Svensson（1997，2010）、Mishkin（2001）等，国内文献有奚君羊和刘卫江（2002）、孙丽（2007）、谭小芬（2007）、曹华（2006）等。通过构筑数学理论模型展开分析是这一类研究的一个特点，另外，21 世纪以来，采用新凯恩斯主义（New Keynesian）框架的研究在不断增加［如 Svensson（2010）、Woodford（2003）］。

第二类是关于通货膨胀目标制操作层面的制度设计方面的研究。内容主要包括通货膨胀目标值的设定、物价指数的选择、目标形式是"点"目标还是一个区间目标、货币政策操作目标及工具的选择、通货膨胀预测、政策信息的公开披露形式、问责机制、实施通货膨胀目标制的前提条件等操作层面上制度框架设计的研究。这一方面的代表性文献

有伊藤（2013）、Hammon（2012）、IMF（2005，2006）、Bernanke 等
（1999）等。

第三类是关于通货膨胀目标制实施效果的研究。这一类研究大多采用计量分析方法进行实证分析，其内容涉及很多方面，主要有：
（1）通货膨胀目标制是否改善了一国的宏观经济表现，如 Mollick 等
（2011）、Lin 和 Ye（2009）、Goncalves 和 Salles（2008）、Ball 和 Sheri-
dan（2005）、刘东华（2011）、牛筱颖（2007）、陈明（2011）；（2）是否具有稳定通货膨胀预期的"名义锚"作用，如 Carlos 和 Manuel
（2010）、Gürkaynak 等（2010）、Levin 等（2004）、Honda（2001）、刘东华（2014）、张晶和刘雪静（2011）；（3）通货膨胀目标制对利率和货币政策可信度的影响，如 Hyvonen（2009）、Pétursson（2004）、Neu-
mann 和 Hagen（2002）；（4）通货膨胀目标制下中央银行行为的变化分析，如 Dincer 和 Eichengreen（2007）、Cecchetti 和 Ehrmann（2006）、
Corbo 等（2002）；（5）通货膨胀目标制能否应对外部冲击，如 Roger
（2010）、IMF（2006）。

第四类为对通货膨胀目标制采用国的实践进行考察、总结其经验教训方面的研究，如 OECD（2009）、Mishkin 和 Hebbel（2007）、Roger
（2005）、Schaechter（2000）、刘东华（2012）、卢宝梅（2008）、柳永明（2002）、李扬（1996）、上田（2008）。

1.4.2　本书创新之处

与已有研究成果相比，本书最大的特点在于研究视角新颖、独到，研究内容原创性强。如上所述，通货膨胀目标制的相关研究文献可谓汗牛充栋，其中对其宏观经济政策效应的经验研究文献也是层出不穷（只是研究结论并不一致）。但是，据笔者所掌握的资料，国内外相关

研究文献中，从"非对称性"的视角对通货膨胀目标制宏观经济政策效应展开系统研究的尚不多见，因此本书在研究问题的切入视角和研究内容上新颖、原创性强，这一研究具有重要的理论价值和现实意义。

此外，本书研究中所运用的计量分析方法，或者是该方法在国内研究中的应用（比如，定量测定通货膨胀预期波动的 UC - SV 模型），或者是笔者对国外研究方法进行了修正和拓展［比如，笔者结合 Bootstrap 手法对 Ball - Sheridan（2005）的 DID 方法进行了拓展］。所以，本著作在研究方法上也有一定的创新。

第 2 章
通货膨胀目标制的含义及其实施框架

回首过去 20 余年里货币政策领域的发展，我们可以发现其中最为引人注目的变化是一种新的货币政策——通货膨胀目标制的产生和在全球范围内的流行，以及由此所触发的对其广泛的讨论和深入研究。

本章的目的在于通过对通货膨胀目标制概念的梳理、优点及相反的"怀疑论"的探讨、通货膨胀目标制国家采用背景的分析及其实施框架的说明等各方面内容的解析，使读者对"通货膨胀目标制是什么"有一个完整、清晰的认识。

2.1 通货膨胀目标制概念的整理

2.1.1 什么是通货膨胀目标制

通货膨胀目标制的含义乍一看似乎很简单明了，但实际上要给出一个明确的定义却并非易事。由于这种货币政策是实践先行，之后才有相关研究，并且各采用国的制度框架又各具有特点，因此，虽然通货膨胀目标制的相关研究文献数量巨多，但对其如何定义在学术界并未形成完全的共识。以下为几种具有代表性的观点。

Leiderman 和 Svensson（1995）在对加拿大、新西兰、英国等五个较早采用通货膨胀目标制的工业国家进行研究之后认为，通货膨胀目标制具有两个特征：一是中央银行宣布一个明确的量化通货膨胀目标（包括所使用的物价指数、目标水平、时间长度以及何种情况下通货膨胀目标可以被修改或忽略），二是中央银行不再追求货币总量或汇率等中介目标。

Bernanke 等（1999）则把通货膨胀目标制定义为一种"货币政策框架"：它明确承认低而稳定的通货膨胀是货币政策的首要长期目标，并公开宣布一个或若干时期的通货膨胀率目标；此外，加强与公众的交流，使公众了解货币当局的计划、目标，以及加强货币当局实现这些目标的责任也是这一政策框架的关键。他们强调通货膨胀目标制是一种货币政策框架而不是规则，在这种框架下它有很大的灵活性，但也受到目标的约束，可以说是一种"有限制的相机抉择"（从中长期看中央银行受到其须实现通货膨胀目标这一承诺的约束，但短期内又具有灵活性以应对经济冲击）。

Mishkin（2001）认为，通货膨胀目标制包含五个要素：（1）由中央银行（或与政府共同）公开宣布一个中期的数量化通货膨胀目标；（2）把对价格稳定的制度性承诺作为货币政策首要的、长期的目标；（3）采用广泛信息战略，通过对多个变量而不仅仅是货币总量或汇率的分析来进行货币政策操作；（4）通过与公众和市场交流，增强货币政策的透明度；（5）增强中央银行取得通货膨胀最终目标的责任。

Kuttner（2004）对通货膨胀目标制的共同特征作了更详细的解释：（1）货币政策的主要目标是长期价格稳定（不一定是唯一目标，但其他目标必须与通货膨胀目标相一致）。（2）有一个明确的通货膨胀目标和达到该目标的时间期限：大多在2%左右，并且所有央行都力图在两年之内达到目标。（3）货币政策要具有较高的透明度：货币当局要出

版有关经济总体情况及通货膨胀展望的详细报告，在某些情况下，这些
报告包括关键宏观经济变量的预测。（4）负责任的机制：除了增强货
币政策的透明度之外，中央银行发行的通货膨胀报告还提供了评估通货
膨胀目标执行情况的方法，若达不到通货膨胀目标需要中央银行采取明
确的措施。比如，在英国，如果通货膨胀目标偏离其目标值 1% 以上，
英格兰银行行长将要向财政大臣提交一份公开信解释偏离的原因并陈述
返回这一目标的时间表。

Svensson（2000，2010）认为通货膨胀目标制是一种使一国福利损
失函数最小化的货币政策规则（具体而言是"目标规则"），目标变量
既包括通货膨胀也包括产出缺口这样的真实变量；它是以预测为核心的
内部决策过程，决策的依据是其公布的通货膨胀和产出缺口的预测；它
具有高度的透明度和责任性。

以上不同的定义反映出了学者们对于通货膨胀目标制的不同理解。
但我们更应看到，不同的定义其实主要缘于观察、分析表述角度上的各
有侧重，从而满足不同类型研究的需要。

综合以上各种解释，我们认为以下的定义能够较好地概括出通货膨
胀目标制主要特征：（1）从制度上规定把物价稳定作为货币政策的主
要目标；（2）公开宣布一个明确的通货膨胀目标值和达到该目标的时
间表；（3）综合考虑货币供应量、汇率以及其他众多的策略信息，进
行"前瞻性"（Forward - looking）的货币政策操作；（4）要求中央银行
加强与公众的沟通交流，提高货币的透明度；（5）具有较强的问责机
制，即中央银行对实现通货膨胀目标承担责任。

2.1.2　含义的延伸

经济学家们还根据通货膨胀目标制执行的严格程度对其作了进一步

划分。如 Svensson（2002）将其分为 "严格" 的通货膨胀目标制和 "灵活" 的通货膨胀目标制。前者指它以稳定物价为唯一目标，不考虑产出、汇率等实质经济变量①。后者指中央银行除了关注通货膨胀目标之外，还关注产出、汇率波动的影响，并在设定的利率工具函数中，同时考虑赋予产出、汇率等一定的权重，目的是在实现通货膨胀目标的同时，不至于使产出损失、汇率波动太大，从而对经济造成不必要的损害。

Carara - Stone（2003）则根据中央银行对通货膨胀目标承诺的清晰度和货币政策可信度两项指标，将其分为三类（如表 2 - 1 所示）：第一类实行正式的通货膨胀目标制（Full - fledged Inflation Targeting），其特点是信誉度比较高、目标明确、透明度较高并具有明确责任，也就是我们通常所说的明确宣布采用通货膨胀目标制的国家；第二类是具有较高信誉，并能维持稳定的低通货膨胀率，但不明确宣布目标制也不对该目标负责的中央银行，像欧洲中央银行、美联储等，属于折中的通货膨胀目标制（Eclectic Inflation Targeting）②；第三类是那些已经宣布了一个较宽泛的通货膨胀目标，但由于较低的可信度，它们不能把通货膨胀作为首要政策目标的中央银行，这一类称为准通货膨胀目标制央行（Inflation Targeting Lite），大多是新兴市场国家的中央银行。

当然，必须说明的是，本研究的考察对象为正式的通货膨胀目标制国家。

---

① 但 Svensson（2002）同时指出，在实践中，没有哪个国家实行了严格的通货膨胀目标制，它们都实行了一定程度上灵活的通货膨胀目标制（笔者注，这也是理解通货膨胀目标制时必须澄清的认识误区）。另外，King（1997）把稳定物价为唯一目标的通货膨胀目标制称为 "通货膨胀疯子"（inflation nutter）。

② 当然，欧洲中央银行和美国等国自身都否认其采用了通货膨胀目标制。

表 2 - 1　　　　　　　　　　　通货膨胀目标制模式①

类型	清晰度	可信度	具体国家/组织
正式的通货膨胀目标制	高	中、高	菲律宾、新西兰、加拿大、挪威、英国、澳大利亚、芬兰、西班牙、冰岛、瑞典、捷克、波兰、匈牙利、巴西、智利、哥伦比亚、以色列、韩国、墨西哥、南非、泰国、秘鲁、土耳其
折中的通货膨胀目标制	相当低	高	新加坡、瑞士、日本、美国、欧盟
准通货膨胀目标制	低	低	克罗地亚、乌拉圭、斯洛文尼亚、阿尔及利亚、危地马拉、牙买加、斯洛伐克、多米尼加、阿尔巴尼亚、哈萨克斯坦、毛里求斯、印度尼西亚、洪都拉斯、俄罗斯、罗马尼亚、斯里兰卡、委内瑞拉

资料来源：Carara - Stone（2003）.

2.1.3　通货膨胀目标制的性质

根据上述通货膨胀目标制的概念，我们认为这一货币政策的基本属性可归纳为如下两点：

第一，由于从货币政策操作传递到价格水平变化存在时滞，中央银行必须采取"前瞻性"的方式，对未来可能产生的价格压力提前采取行动，否则就不能保证对价格水平影响力的准确和及时，还可能会造成更大的经济波动。所以，中央银行必须预测未来通货膨胀的变化，并通过政策操作调整通货膨胀预测值与通货膨胀目标制之间的偏差，最终实现通货膨胀目标。显然，在这样的"前瞻性"货币政策操作中，预测未来通货膨胀是一个关键，部分学者甚至认为通货膨胀目标制实际上可称为"通货膨胀预测

① Carara 和 Stone（2003）的研究文献中当时属于准通货膨胀目标制的部分国家（如罗马尼亚、印度尼西亚、斯洛伐克），近年已发展为正式的通货膨胀目标制国家。

目标制"〔如 Svensson（2010）、IMF（2006）、伊藤·林（2006）等〕。

第二，与其他货币政策相比，通货膨胀目标制最大"亮点"是实现了政策规则性和灵活性的高度统一（所谓的"有约束的相机抉择"）。它建立在规则之上，一旦明确地公布了通货膨胀目标，就要求中央银行在政策连贯性方面作出承诺，维持这个目标。但同时货币当局可以根据多种因素判断未来物价的走势，从而克服了传统框架下单纯地盯住某一特定经济变量（如汇率、货币供应量）的弊端，使中央银行在实际操作中又拥有较大的灵活性（如后所述，绝大部分国家的通货膨胀目标值都是区间目标形式，部分国家甚至设计了"例外条款"，这使中央银行具有了一定的灵活性空间；并且在实践中，当面临较大的经济冲击时，很多国家允许短期内的目标偏离）。Bernanke 等（1999）对此形象地描述道："通货膨胀目标制，类似现实生活中的'船锚'。从长期来看，它使经济大船处于理想的区域，同时又让经济大船在短期内可以应对不可预测的波涛。"

2.1.4 围绕通货膨胀目标制的争议

自通货膨胀目标制诞生以来，经济学界和中央银行家们对它的争议就一直未曾停止（当然，其支持者在不断增加）。倡议者们认为这一政策框架的长处主要体现在以下方面。

1. 有利于引导和稳定通货膨胀预期。经济理论和实践已清晰地表明，相机抉择的货币政策容易产生"政策时间不一致"问题（或称为"动态不一致"问题，Dynamic Inconsistency），引发通货膨胀倾向（Inflation Bias）和通货膨胀。但是，在通货膨胀目标制下，通过对通货膨胀目标值这一"名义锚"的公开设定，给引导通货膨胀预期提供了一个明确的载体；并且，政策透明度的提高使得公众得以充分了解货币政策的运行情况、中央银行的政策意图和为实现目标所付诸的努力，这样一来，通货膨胀预期自然将向通货膨胀目标值收敛并且波动缩小。

2. 有利于提高货币政策的透明度。在通货膨胀目标制下，中央银行不再依赖中介目标，公众没有可观察的反映未来通货膨胀趋势的中介变量；这种情况下，中央银行引导通货膨胀预期的一个重要方法就是让公众相信中央银行实现通货膨胀目标的决心，并且其货币政策操作是有效的，能够实现未来的通货膨胀目标。这就需要中央银行与公众进行更广泛的沟通，货币政策必须更加透明。

实际操作中，通货膨胀目标制国家都非常强调货币政策的透明度以及与公众的沟通，它们通过各种手段和渠道（如定期发布的《通货膨胀报告》、官方网络、报刊杂志、专题评论文章以及央行高层人员的演讲、报告、接受专访等）对政策目标和操作方式等作出清晰的解释，并促进公众的关注及讨论。Geraats（2009）、Dincer 和 Eichengreen（2007）等的研究指出，20 世纪 90 年代以来很多经济体货币政策的透明度得以提高，这其中通货膨胀目标制国家是最为显著的。

3. 有利于增强中央银行的独立性。通货膨胀目标值的公开宣布以及政策透明度的增强无疑有助于中央银行抵御政府、国会等政治因素在货币政策决定过程中的不正当介入，有助于中央银行独立性的提高。

虽然这一货币政策的支持者在不断增加，但仍存有一些怀疑观点，这主要集中在以下几点：

第一，通货膨胀目标制过分集中于对价格稳定的关注，会增加产出波动。如 Rogoff（1985）、Leiderman 和 Svensson（1995）认为，重视稳定物价的中央银行在使通货膨胀倾向降低的同时，会导致产出的过分波动。Cecchetti 和 Ehrmann（1999）、Friedman 和 Kuttner（1996）也认为，通货膨胀目标制在稳定通货膨胀的同时有可能给实体经济带来不稳定，降低产出。不过这样的"怀疑论"主要集中在 21 世纪初之前，随着可进行政策效果评价的时间序列长度的增长，通货膨胀目标制国家良好的经济表现使得这一"怀疑论"日渐衰落。

第二，由于从货币政策操作传递到价格水平变化的时滞较长（一般认为1.5年左右），这期间内各经济变量又在不断地变化；物价是许多因素相互作用的结果，仅凭货币政策无法控制物价等原因，所以从可操作性角度来看，中央银行实现通货膨胀目标绝非易事，而通货膨胀率频繁的偏离目标又将损害货币政策的可信度。

第三，众所周知，股价等资产价格的变动对实体经济的影响日趋重要，通货膨胀目标制国家是否要关注资产价格的变化？面对资产价格泡沫如果不干预（货币政策紧缩）是否妥当？这在学术界成为一个争论焦点。[①]

第四，中央银行决策领域的部分人士对通货膨胀目标制的实效性持怀疑观点。比如，美联储原任主席格林斯潘在实践中尽管也强调"中长期物价的稳定"的重要性，但他反对设立数量化的通货膨胀目标。格林斯潘更相信美联储不公布通货膨胀目标也能有效地控制通货膨胀，设立这一目标只能束缚美联储的手脚，限制决策者短期货币操作的灵活性。[②]

2.2 通货膨胀目标制国家及其采用背景

2.2.1 通货膨胀目标制国家

迄今为止采用通货膨胀目标制的国家[③]，如表2-2所示有31个国家。作为经济结构改革的一环，新西兰于1990年初首先采用了这一货币政策。

---

① 这一方面，20世纪80年代后半期日本"泡沫经济"的形成及崩溃给日本经济所带来的惨重打击，应是一个典型案例（当时日本保持着2%~3%的低而稳定的通货膨胀）。

② 可参见魏永芬（2008）、武内（2004）。

③ 如前所述，本研究的考察对象为正式的通货膨胀目标制国家；以下不再重复。

加拿大和英国紧随其后，至 20 世纪 90 年代中期前，共有 7 个工业国家和智利、以色列及秘鲁 3 个新兴市场国家先后加入到了这一阵营。

其后，通货膨胀目标制在新兴市场国家之间广受青睐，采用国不断增加。观察表 2 - 2 可以发现，20 世纪 90 年代末以来通货膨胀目标制的采用国有 20 多个国家，这其中除了冰岛和挪威之外，其他均为新兴市场国家。

表 2 - 2　　通货膨胀目标制国家①、采用时期②及初始通货膨胀率　单位：%

工业国家		新兴市场国家			
国家及采用时期	采用时通货膨胀率	国家及采用时期	采用时通货膨胀率	国家及采用时期	采用时通货膨胀率
新西兰（1990 年 3 月）	3.3	智 利（1990 年 9 月）	26.6	匈牙利（2001 年 6 月）	10.8
加拿大（1991 年 2 月）	6.9	以色列（1992 年 1 月）	16.9	菲律宾（2002 年 1 月）	4.5
英 国（1992 年 10 月）	4.0	秘 鲁（1994 年 1 月）	33.6	危地马拉（2005 年 1 月）	9.2
瑞 典（1993 年 1 月）	1.8	捷 克（1998 年 1 月）	6.8	斯洛伐克（2005 年 1 月）	5.8
澳大利亚（1993 年 4 月）	2.0	波 兰（1998 年 10 月）	10.6	印度尼西亚（2005 年 7 月）	7.4
芬 兰（1993 年 2 月）	2.6	巴 西（1999 年 6 月）	3.3	罗马尼亚（2005 年 8 月）	9.3
西班牙（1994 年 11 月）	4.2	哥伦比亚（1999 年 9 月）	9.3	土耳其（2006 年 1 月）	7.7
瑞 士（2000 年 2 月）	1.6	泰 国（2000 年 5 月）	0.8	亚美尼亚（2006 年 7 月）	2.1
冰 岛（2001 年 3 月）	4.1	南 非（2000 年 2 月）	2.6	塞尔维亚（2006 年 9 月）	10.8
挪 威（2001 年 3 月）	3.6	韩 国（1998 年 4 月）	6.2	加 纳（2007 年 5 月）	10.5
		墨西哥（1999 年 1 月）	17.87		

注：其中，西班牙和芬兰后因加入欧元区而于 1998 年 6 月宣布废除通货膨胀目标制。
资料来源：根据 Roger（2010）、IMF（2006）资料编制。

① 瑞士是否为通货膨胀目标制国家，学术界尚存在分歧。本研究依据 Salem 和 Didem（2012）、Vega 和 Winkelried（2004）等众多研究观点，将其归类为通货膨胀目标制国家。

② 对于部分新兴市场国家而言，开始实施通货膨胀目标制的确切日期是有争议的。比如，智利、以色列、秘鲁、墨西哥四国宣布采用通货膨胀目标制之后，为了防止汇率的剧烈波动，并没有立即废除爬行汇率制，而是采取了在一定的过渡期内逐步扩大"爬行带"的幅度、最后切换为浮动汇率制的策略（即在此期间货币政策有两个"名义锚"同时存在。只是，当两者发生冲突时，中央银行强调通货膨胀目标的优选权）。因此，关于通货膨胀目标制的采用时期就存在不同的观点：Mishkin 和 Schmidt - Hebbel（2007）、P'etursson（2004）、Corbo 等（2002）的研究以该四国宣布采用这一货币政策的时点为认定标准，而 IMF（2006）、Roger（2010）则以之后废除爬行汇率制作为认定标准。本研究基于 Mishkin 和 Schmidt - Hebbel（2007）等研究的标准界定通货膨胀目标制的采用时期。另外，如果按照 IMF（2006）、Roger（2010）的观点，则上述四国的采用时期分别为 1999 年、1997 年、2002 年和 2001 年。

2.2.2 采用背景

通货膨胀目标制国家采用这一货币政策的具体动机及背景不尽相同，但综合而言，我们可以大致归纳为以下几种情况。

第一，在货币危机（或金融危机）的冲击下，原来实行的汇率目标制无以为继、不得不转换为浮动汇率制，寻求货币政策新的"名义锚"① 的客观需要让它们做出了采用通货膨胀目标制的抉择。

比如，英国于 1990 年加入欧洲汇率机制（Exchange Rate Mechanism，ERM），1992 年 9 月遭遇英镑危机后，被迫退出 ERM，让英镑自由浮动；之后，基于既能减轻因英镑的大幅贬值而可能形成的通货膨胀压力，同时又能为货币政策提供某种形式的"名义锚"从而提高货币政策公信力的考虑，不久就宣布实施通货膨胀目标制。瑞典和芬兰也是如此。再如，韩国、泰国等亚洲国家于 21 世纪初前、后采用了这一货币政策，其背景就在于遭遇了 1997 年爆发的亚洲金融危机的影响；这些国家之前事实上采取的是钉住美元的固定汇率制，金融危机的沉重打击使它们痛感到固定汇率制的"加剧金融体系的脆弱性、容易受到投机资本的攻击，使一国经济暴露在不稳定的风险之中"等弊端，并最终放弃了固定汇率制而转向浮动汇率制；之后，为了寻求货币政策新的"名义锚"而采用了通货膨胀目标制②。

第二，改善本国高通货膨胀"体质"的客观要求。如表 2 - 3 所示，采用通货膨胀目标制的许多国家在向该货币政策转变前曾经历过严重的通货膨胀，新兴市场国家如巴西、智利甚至发生了恶性通货膨胀，

---

① 货币政策的"名义锚"，即指中央银行宣布钉住的某个目标变量，主要有汇率、货币供应量、通货膨胀率（此外，还有名义国民收入，但现在已不再受到关注）。

② 与韩国、泰国采用背景相同的国家还有巴西、土耳其等。

就连部分发达国家，在采用通货膨胀目标制之前，其通货膨胀水平也普遍高于美国、日本、德国等其他发达国家。因此，这些国家希望通过采用通货膨胀目标制来抑制高通货膨胀或者改善高通货膨胀的"体质"。具体而言，这又可细分为三种情况：（1）通过前期货币政策的紧缩、较大限度地降低了通货膨胀之后，宣布采用这一货币政策，以巩固政策效果，如澳大利亚。（2）采用之时通货膨胀较严重，这时它们多采用"多阶段向下调整"的策略，即最初的通货膨胀目标值设定得较高，之后逐步降低，这样来逐步降低本国的通货膨胀，改善本国高通货膨胀的"体质"，如波兰、智利、以色列等新兴市场国家。（3）该国当时还处在反通货膨胀的通道中，为了提高紧缩性货币政策的效果同时防止通货膨胀预期的反弹，而宣布采用通货膨胀目标制，如新西兰、加拿大。

表 2 - 3　　　向通货膨胀目标制过渡前部分国家的通货膨胀水平　　　单位：%

国家	采用时点	月度通货膨胀率			
		36 个月前	24 个月前	12 个月前	采用时点
工业国家					
新西兰	1990 年 3 月	8.5	12.8	5.9	4.9
加拿大	1991 年 2 月	3.9	4.9	4.3	4.4
英国	1992 年 10 月	7.5	8.9	4.1	1.8
芬兰	1993 年 2 月	7.5	5.0	2.6	2.7
澳大利亚	1993 年 4 月	8.3	3.4	1.4	1.7
新兴市场国家					
捷克	1997 年 12 月	9.9	7.9	8.6	6.1
波兰	1999 年 3 月	20.2	16.8	13.9	10.0
巴西	1999 年 6 月	16.3	7.0	3.4	3.3
南非	2000 年 2 月	9.7	5.4	6.2	2.4

注：由于本表数据为月度通货膨胀率以及不包括间接税提高所产生的影响等原因，本表部分国家"采用时点"的通货膨胀率与表 2 - 2 有所出入。

资料来源：安德烈（2002）。

第三，由于以货币供给量为中间目标的货币政策的失效，转而采用了通货膨胀目标制。一些目标制国家之前曾采取了以货币供给量为中间目标的货币政策，但自 20 世纪 80 年代中后期开始，货币供应量与经济增长率、通货膨胀率等最终目标之间的相关性日益下降，导致货币政策的效果递减而不得不探索新的货币政策运作方式。比如，加拿大在 20 世纪 80 年代前半期之前实行以货币供应量为中间目标的货币政策，但之后由于金融市场结构变化等原因，货币供应量与实体经济之间的关系变得不稳定而终遭废弃①。在此后的 10 年间，加拿大的货币政策既没有中介目标也没有实现长期目标的其他具体途径。1991 年 2 月，出于稳定通货膨胀预期的考虑②，加拿大宣布采用通货膨胀目标制。此外，南非、捷克、秘鲁等国采用通货膨胀目标制的背景，除了上述的抑制本国的通货膨胀、改善高通货膨胀"体质"的动机之外，也与此原因有关。

2.3　通货膨胀目标制的实施框架

尽管通货膨胀目标制国家采用这一货币政策的具体动机及背景不尽相同，通货膨胀目标、信息披露以及责任约束机制等各方面的具体内容也各具特点，但其制度框架基本一致，主要包含以下几个方面。

2.3.1　通货膨胀目标的决定权

由谁来决定通货膨胀的数量目标，可分为三种情况：中央银行和政

---

①　对此加拿大中央银行副行长 Charles Freedman 诙谐地论道："不是我们抛弃了货币总量，而是货币总量抛弃了我们。"转引自钱小安（2002）。

②　当时有两个事件使加拿大央行担忧通货膨胀预期上升，一是因 1990 年 8 月伊拉克入侵科威特而爆发的海湾战争所形成的原油价格上涨预期，二是即将实施的新消费税将大幅拉升物价水平（据估算，新消费税的实施将拉升 CPI 1.5％左右）。

府联合决定、中央银行单独决定、政府单独决定[①]。首先，我们结合表 2-4、表 2-6 中的相应内容对比分析不难发现，不管是 21 世纪初还是近年，最常见的类型是由中央银行和政府联合决定通货膨胀的数量目标[②]；其次是中央银行单独决定，而由政府单独决定的这一类国家则数量最少（如表 2-4 所示），这一类型的国家在 21 世纪初尚有英国、挪威、巴西等，但近年只有英国[③]和挪威两国依旧如此（见表 2-6），其他几国则已进行了转换。

大多数通货膨胀目标制国家采取由中央银行和政府联合决定通货膨胀目标值的主要原因在于，政府往往会更关注短期利益，倾向于较宽松的货币政策，以刺激产出、提高就业；而中央银行为了完成控制通货膨胀的任务，更倾向于选择在政府看来过于紧缩的政策。为了调和两者间不同的政策倾向，兼顾长短期利益，由政府和中央银行联合决定政策目标就更为适宜。另外，在两者联合宣布通货膨胀目标时，政府通常会承诺尊重货币政策的中长期目标，这样会增加目标的可信度。

表 2-4　　　　　　21 世纪初部分国家的通货膨胀目标决定权

公布的机构	国家
政府	挪威、英国、巴西、冰岛、以色列
中央银行	智利、哥伦比亚、芬兰、墨西哥、波兰、西班牙、瑞典、泰国
央行和政府联合决定	澳大利亚、加拿大、捷克、匈牙利、韩国、新西兰、南非

资料来源：孔燕（2007）。

其实，由谁来决定通货膨胀的目标值，这一点与中央银行的独立性

---

① 不过，无论是中央银行单独决定抑或政府单独决定，事前与另一方协调商议是常例。

② 比如，新西兰《储备银行法》规定，通货膨胀目标值由财政部长和储备银行总裁联合签署的"政策目标协议"（PTA）决定。

③ 比如，英国财政大臣在国会的年度财政预算演讲中公布通货膨胀目标值，之后以正式公函的形式通知英格兰银行。

有关联。中央银行独立性可表现为两个层面：一方面，政策目标的独立性（中央银行可自主设立货币政策目标）、政策工具的独立性（为达成政策目标应如何进行政策操作，中央银行不受政府干预而独立决定）。是否应授予中央银行政策目标的独立性，学术界尚有争议[①]，表 2－6 也显示在通货膨胀目标制国家由中央银行单独决定通货膨胀目标的国家并不多；另一方面，实施通货膨胀目标制的中央银行至少应具有政策工具的独立性、它是保证这一货币政策有效运行的前提条件之一，这一观点被普遍认同和接受。政策实践也表明，为了保证中央银行能够实现承诺的通货膨胀目标，并对政策执行情况负责，各国在采用这一货币政策的前后，普遍采取了包括修订《中央银行法》在内的各项措施来推动中央银行独立性的提高，通货膨胀目标制国家的中央银行至少都具有政策工具的独立性。

2.3.2 物价指数的选择

反映总体物价水平变动的指标，有消费者物价指数、GDP 平减指数、零售价格指数，等不一而足。而实施通货膨胀目标制，需要确定量化物价变化的具体指标。观察表 2－6 我们可以看到，几乎所有的通货膨胀目标制国家都选择整体消费者物价指数（CPI）作为通货膨胀的衡量指标。原因主要有三点：（1）它与国民的日常生活密切相关，为广大公众所熟悉和关注；（2）它的变化在较大程度上影响未来工资的调整幅度和通货膨胀预期的变化；（3）数据更新快，并且不容易被中央银行操纵、可信度高。

21 世纪初之前，不少国家（比如韩国、泰国、加拿大以及南非等

---

① 可参见魏永芬（2008）、牛筱颖（2007）。

国家）的中央银行以从 CPI 中剔除生鲜食物、燃料（气候变化及一些短期因素有可能对这些商品的价格波动影响较大）甚至间接税、政府补助金等中央银行不可控的因素影响后的核心 CPI（Core CPI）或基底CPI（Baseline CPI）① 作为通货膨胀的衡量指标。但如表 2 - 6 所示那样，现在仍采用这一方式的国家极少，似乎只有泰国一个国家。选择核心 CPI（或基底 CPI）的好处是更有利于中央银行实现通货膨胀目标，但弊端也显而易见：从广大公众的角度来看，中央银行存在恣意"加工"数据的可能性，所以数据不易被公众理解和接受，可信度没有整体 CPI 那样高。近年来一些通货膨胀目标制国家纷纷将衡量指标从核心 CPI（或基底 CPI）转向整体 CPI 的主要原因就在于此。②

2.3.3　通货膨胀目标的设定

在设定具体的通货膨胀目标时，需要考虑三个问题：通货膨胀的数量目标值，通货膨胀目标值的形式（点目标或区间目标），实现目标的期间。

2.3.3.1　通货膨胀的目标值

"物价稳定"，这在单纯的理论分析中通常解释为维持零通货膨胀率；但在政策实践领域，中央银行应该以一定的通货膨胀率（比如 2%左右）为目标进行货币政策操作这一观点被广为认同和接受。究其原因，主要集中在这两个方面：（1）在实际统计中，对通货膨胀率的测度存在向上偏差的可能。即由于物价统计很难完全反映商品、服务质量的变化，这样源于商品、服务质量的提高而出现的价格上涨也计入到了

---

① 从 CPI 中具体剔除哪些项目，因各国情况不同而存在差异。

② 一些原来一直强调核心 CPI 的非目标制国家的中央银行（比如美联储），近年来也开始重视整体 CPI。

物价指数的统计中，从而形成了物价统计中的向上偏差问题，也就是说"计量上的"（统计公布出来的）通货膨胀率比"真实"的通货膨胀率要高；[①] 因此，以"物价稳定"为政策目标的中央银行所设定的通货膨胀目标值还是应高于零一定的幅度。（2）应该重视通货膨胀目标过低可能带来的经济风险。这是因为：第一，由于名义工资存在向下刚性，零通货膨胀下实际工资难以向下调整，从而可能导致自然失业率的上升，比如，Akeflof 等（1996）；第二，由于零通货膨胀下名义利率较低，中央银行在面临经济衰退时调低利率的政策空间很小。

因此，如表 2－6 所示，没有哪一个国家将通货膨胀目标值设定为零或附近。已进入通货膨胀稳定期的工业国家和部分新兴市场国家的目标值大体在 1% ～3%，其他一些新兴市场国家设定的目标值大体在 3% ～5%（如菲律宾、危地马拉、印度尼西亚等），土耳其、加纳两国因尚处在抑制通货膨胀过程中，目标值设定得较高。

另外，如果以时间为横轴动态观察地话，通货膨胀目标制采用之时通货膨胀较高的国家，它们几乎多采用"多阶段向下调整"的策略来设定通货膨胀目标值。比如，1998 年 1 月实施通货膨胀目标制的捷克，当初确定的目标值是 5.5% ～6.5% 、1999 年调整为 4% ～5% 、2000 年调整为 3.5% ～5.5%，2001 年调整为 2% ～4%，2004 年再调整为 2% ±1% 并维持至今。如前所述，这一策略有利于降低反通货膨胀的成本、减少对产出的振荡。

2.3.3.2　通货膨胀目标值的形式（点目标或区间目标）

我们从表 2－6 还可以看到，通货膨胀的数量目标值有些国家是一

---

① 对美国的研究表明，CPI 指数实际上每年高估了 0.5～2 个百分点；其他国家也普遍存在这样的"物价统计中的向上偏差"问题。可参见 Jordan（2001）、白塚（2000）。

个点，有些国家是一个区间，还有些国家是具有目标中值的区间（围绕着一个点目标，允许上下浮动一定范围）。其中，只有挪威和匈牙利设定的目标值是一个简单的点值；以色列、哥伦比亚、澳大利亚则是一个区间；而英国、冰岛、韩国等大部分国家则选择了第三种形式——具有目标中值的区间。

　　由于货币政策操作对物价产生影响有较长的"时滞"，而且在此传导过程中还受众多不确定因素的影响，因此某种政策操作很难确切地达到某个特点目标，即选择点目标形式作为通货膨胀目标较难实现，不利于货币政策可信度的建立；但是，这种点目标形式是一种很清晰的名义锚，可以明确指导公众的通货膨胀预期。与此相比，区间式目标可以给中央银行提供较大的空间来灵活地应对冲击①，中央银行达到目标的可能性变大；但是，引导通货膨胀预期的"焦点"和中央银行的目标承诺会变得模糊。在此背景下，"中和"了两者利弊的"具有目标中值的区间"这一形式大受欢迎——因为它的目标中值提供了一个通货膨胀预期的"焦点"，有利于引导公众的预期；同时，允许围绕这一中值在一定范围上下浮动的区间，又可为货币政策的实施带来较大的灵活性。所以，我们看到大部分国家都选择了这一形式。

2.3.3.3　实现目标的期间

　　通货膨胀目标制国家在确定具体的量化通货膨胀目标的同时，往往还要对在多长时间内实现目标作出承诺。目标期间的选择主要有三种：规定具体的年限（通常为未来 1~3 年），不规定具体年限而只作"中期目标"或"长期目标"的承诺。不同的规定与各个国家的经济状况

---

　　①　目标区间的宽度设定也非常重要；若目标的区间过宽，则意味着控制通货膨胀的能力较差，目标值作为公众预期名义锚的价值将受到损害；反之，如目标区间过窄，虽然能显示出中央银行对控制通货膨胀的信心，但也增加了完不成目标的风险。

和通货膨胀情况有关。

20 世纪 90 年代末期之前，基于提高货币政策可信度、强化中央银行责任的考虑，许多通货膨胀目标制国家都规定了实现通货膨胀目标的具体期限①。进入 21 世纪之后，随着通货膨胀的下降以及公众对这一货币政策信赖度的不断增强，已进入通货膨胀稳定期的大部分国家（含工业国家和新兴市场国家）不再规定具体的年限，而只作"中期"或"长期"的承诺（如表 2 - 6 所示，现阶段新西兰、英国、韩国、捷克等很多国家都是如此）。乍一看，这样的承诺含糊、不清晰，有损政策的可信度，但其实，这样没有明确期限的承诺有助于中央银行更加关注目标的长期性，引导通货膨胀预期的中长期稳定（当然，前提条件是这些国家已进入通货膨胀稳定期，并且货币政策的可信度较高）。

只是，加纳、塞尔维亚、巴西等几个处于反通货膨胀过程中的国家，还是明确规定了实现通货膨胀目标的具体年限（1 ~ 2 年的较短期限），以期巩固反通货膨胀的政策效果、宣明中央银行继续抑制通货膨胀的决心。

2.3.4 "例外条款"

物价是许多因素综合作用的结果，这其中包含一些中央银行无法控制的成因，比如国际能源价格的变化、贸易条件的变化、间接税的调整等，这些因素对价格的影响通常是一次性的价格跳跃。通货膨胀目标制国家如果为了应对此类冲击而变更货币政策的话，反而有可能带来经济的不稳定性。

---

① 比如，加拿大 1991 年 2 月采用通货膨胀目标制之时设定了 "1992 年末前 3% ±1%、1994 年末前 2.5% ±1%、1995 年末前实现 2% ±1%" 这样的多阶段目标实现期限。1993 年 12 月第二轮目标设定时则明确为 "1998 年末前实现 2% ±1% 的目标"。

解决这一问题的方案之一，可采取预先从 CPI 指数中剥离了上述因素的物价指标作为通货膨胀目标的衡量指标。但是，如同我们在之前分析为何通货膨胀目标制国家现在很少选择核心 CPI（或基底 CPI）指标的原因时也已指出的那样，这一方式从广大公众的角度来看，中央银行存在恣意"加工"数据的可能性，从而损害政策的可信度。

于是，出于兼顾政策可信度和灵活性的考虑，部分通货膨胀目标制国家设计了"例外条款"（或称为"事前免责条款"，Escape Clause）来解决这一问题。所谓"例外条款"，就是该国中央银行事前明确公布若干例外事项，在这些例外事项发生时偏离通货膨胀目标是可以容忍的，中央银行将不被问责（当然，同时要求中央银行明确回到原来的通货膨胀目标路径所需的时间）。

如表 2 - 5 所示，加拿大、捷克、新西兰、菲律宾等少数国家在它们的通货膨胀目标制的实施框架中设计有"例外条款"。

表 2 - 5　　　　　　　　部分通货膨胀目标制国家的例外事项

国家	例外事项
新西兰	自然灾害、税制的变更、大幅影响物价变化的政策变更
加拿大	国际石油价格冲击、自然灾害
挪威	利率、税制的变更，因暂时性的异常事件而引起的价格影响
瑞士	中央银行无法控制的预期外的价格冲击
捷克	自然灾害、国际矿产品价格冲击、与国内经济基本面无关的汇率冲击
韩国	自然灾害、税制变更
菲律宾	自然灾害、非加工食品的价格变动、税制和补助金政策的变化

注：2000 年之后韩国不再有"例外条款"。

资料来源：Mishkin and Schmidt - Hebbel（2001）.

2.3.5　责任制和透明度

通货膨胀目标制国家的中央银行被赋予了较高的独立性（如前所

述，至少获得了较高的政策工具的独立性），但同时也意味着要它对其政策后果独立承担责任，要对公众负责，接受公众的监督。这些都要求中央银行的行为具有较高的透明度和责任度①。

首先，当通货膨胀率与目标出现较大偏离时，中央银行应怎么承担责任呢？对此，各国的规定不尽相同。一种方法是中央银行行长向财政部长提交一份公开信或向公众发表一份正式的报告，说明偏离目标的原因、中央银行对此作出的应对策略、预计将要多长时间回到目标值等信息（比如在英国，若通货膨胀率偏离目标区间上下1%时，英格兰银行行长被责成向财政部长提交一封公开信，就这些内容进行解释）；另一种方法是中央银行行长在国会的相关委员会上接受议员的质询，就偏离目标的原因、应对策略等方面进行详细解释。还有，从制度上来讲，新西兰对此作出了最为严格的要求，其《中央银行法》规定，如通货膨胀如超出目标区间，央行行长总裁将被革职（虽然到目前政府还从未行使过这一权力）。

其次，通货膨胀目标制国家在提高政策透明度上倾注了全力。如表2-7所示，各国中央银行通过各种方式和渠道（如定期发布《通货膨胀报告》、接受记者采访、参加国会听证会、在相关媒体上发表专题评论文章等）公布近期货币政策的调整情况并说明其原因，分析国内外近期的经济与金融发展状况对通货膨胀的影响，以及对未来通货膨胀的预测等。另外，部分国家的中央银行还公布货币政策委员会的议事简要

---

① 通货膨胀目标制作为一种受到约束的相机抉择政策，要求中央银行的行为具有较高的透明度和责任度，这就如同以某种规则捆住了中央银行的双手，使其不能根据自身的偏好随意采取与公众的期望相悖的政策，货币政策的可信度随之提高。

甚至投票结果。通货膨胀目标制国家政策透明度的大幅提高[①]对降低信息的不对称，增强公众对货币政策的理解，从而对增强货币政策的可信度具有重要作用。

2.4　本章小结

本章的目的，在于通过对通货膨胀目标制概念的梳理、优点及相反的"怀疑论"的探讨、通货膨胀目标制国家采用背景的分析，以及其实施框架的说明等各方面内容的解析，使读者对通货膨胀目标制的整体印象有一个清晰的认识。

关于通货膨胀目标制的定义，虽然在学术界并未达成完全的共识，但我们认为，通货膨胀目标制是具备这样五个要素的货币政策框架：(1) 从制度上规定把物价稳定作为货币政策的主要目标；(2) 公开宣布一个明确的通货膨胀目标值和达到该目标的时间表；(3) 综合考虑货币供应量、汇率以及其他众多的策略信息、进行"前瞻性"(Forward–looking) 的货币政策操作；(4) 要求中央银行加强与公众的沟通交流，提高货币的透明度；(5) 具有较强的问责机制，即中央银行对实现通货膨胀目标承担责任。在政策实践中，它是在"有约束的相机抉择"框架内，并且通过甚至可以比喻为"通货膨胀预测目标制"般的"前瞻性"货币政策操作来进行的。

实施通货膨胀目标制的国家目前为止已有 30 余个国家，它们的采用背景主要有两种情况：一种情况是在之前的货币政策（主要是汇率目标制和货币供给量目标制）无法有效运行的情况下，寻求货币政策

---

① Geraats（2009）指出，虽然 20 世纪 90 年代以来很多国家货币政策的透明度得到提高，但其中通货膨胀目标制国家是最为显著的。Dincer 和 Eichengreen（2007）对 100 余国中央银行的政策透明度进行分析后认为，透明度最高的是新西兰、英国、捷克等通货膨胀目标制国家。

新的"名义锚"的客观需要让它们作出了采用通货膨胀目标制的抉择；另一种情况是出于抑制本国通货膨胀、改善本国高通货膨胀"体质"的考虑。虽然在理论界和政策实践领域对通货膨胀目标制尚留存一些怀疑观点（比如，它会导致产出的过分波动，不关注资产价格的变化是否妥当的争议），但总体而言，这一货币政策的优点（比如，能够保证中央的独立性，提高货币政策的透明度等）更获得了广泛的认可。

至于它的政策实施框架，各个国家的具体内容虽各具特点，大体上可归纳如下：

● 通货膨胀目标的决定权：大部分国家由中央银行和政府联合决定、少数国家由中央银行单独决定。

● 物价指数的选择：几乎所有的国家都选择整体 CPI 作为衡量通货膨胀的指标。

● 通货膨胀的目标值、目标值的形式、实现目标的期间：大部分国家设定的通货膨胀目标值大体为 1% ~ 3%（当然，若干个尚在反通货膨胀进程中新兴市场国家设定的目标值较高）；并且，大部分国家采取了具有目标中值的区间形式（围绕着一个点目标，允许上下浮动一定范围）；关于通货膨胀目标的实现期限，与 21 世纪初之前的做法相反，目前很多国家只作"中期"或"长期"的承诺。

● 例外条款：部分设计了"例外条款"，在这些情况下偏离通货膨胀目标是可以容忍的，中央银行将不被问责。

● 责任制和透明度：为了保证中央银行能够实现承诺的通货膨胀目标，并对政策执行情况负责，通货膨胀目标制国家的中央银行被赋予了较高的独立性，它保证这一货币政策有效运行的前提条件之一；但同时，作为一种平衡机制，它又要求中央银行的行为具有较高的透明度和责任度，只有这样，才能确保中央银行不至于在独立性的掩护下演变为追逐私人目标的官僚机构，确保其追求实现有利于提高全社会福利的政策目标。因此，各国实行通货膨胀目标制后，在对实现通货膨胀目标这一承诺负责的"内在动力"和"外部压力"的推动下，采取了很多方式来提高政策的透明度和责任度（见表2-6、表2-7）。

表2-6　　　　　　　通货膨胀目标制的基本框架（1）

国家	物价指数	通货膨胀目标值（2012年至今）	达成期限	设定机构
新西兰	○	1%~3%	中期	G和CB
加拿大	○	2%±1%	2011—2016年	G和CB
英国	○	2%±1%	中期	G
瑞典	○	2%±1%	长期	CB
澳大利亚	○	2%~3%	中期	G和CB
冰岛	○	2.5%±1.5%	长期	G和CB
挪威	○	2.5%	中期	G
智利	○	3%±1%	长期	CB
以色列	○	1%~3%	2年间	G和CB
秘鲁	○	2%±1%	长期	CB
捷克	○	2%±1%	中期	CB
韩国	○	3%±1%	中期	CB
波兰	○	2.5%±1%	中期	CB
墨西哥	○	3%±1%	中期	CB
巴西	○	4.5%±2%	2012—2013年	G和CB
哥伦比亚	○	2%~4%	中期	CB
南非	○	3%~6%	中期	G
泰国	Core CPI	0.5%~3%	每年设定	G和CB
匈牙利	○	3%	中期	CB
菲律宾	○	4%±1%	2012—2014年	G和CB
危地马拉	○	4.5%±1%	2012—2013年	CB
印度尼西亚	○	4.5%±1%	中期	G和CB
罗马尼亚	○	2.5±1%	中期	G和CB

续表

国家	物价指数	通货膨胀目标值 （2012 年至今）	达成期限	设定机构
土耳其	○	5% ±2%	2012—2013 年	G 和 CB
塞尔维亚	○	4% ±1.5%	中期	G 和 CB
亚美尼亚	○	4% ±1.5%	中期	G 和 CB
加纳	○	9.5% ±2%	2012—2013 年	G 和 CB

注：1. ○ ＝综合 CPI。

2. 泰国每年度公布通货膨胀目标值，但 2009 年以来一直为 0.5% ~3% 。

3. 通货膨胀目标的设定（决定）机构，CB ＝中央银行，G ＝政府，G 和 CB ＝中央银行与政府共同决定。

资料来源：Hammond（2012）、各国中央银行官网。

表 2 - 7 通货膨胀目标制的基本框架（2）

国家	提交 公开信	国会听证会	会议[注1] 记录的公开	记者招待会/ 媒体投稿	《通货膨胀报告》 发布频率（次/年）
新西兰		每年 4 次	无	PR + PC	4
加拿大		半年 1 次	无	PR + PC	4
英国	有	每年 3 次	2 星期后	PR + PC	4
瑞典		半年 1 次	2 星期后	PR	3 + 3
澳大利亚		半年 1 次	2 星期后	信息通报	4
冰岛	有	半年 1 次	有	PR + PC	2 + 2
挪威		每年 1 次	无	PR + PC	3
智利		每年 4 次	2 星期后	PR + PC	4
以色列		半年 1 次	2 星期后	PR + PC	2
秘鲁		每年 1 次	无	PR + PC	4
捷克		向国会提交听证文书	80 天后	PR	4
韩国		不定期	6 星期后	信息通报	2
波兰		向国会提交听证文书	3 星期后	PR + PC	4
墨西哥	有	不定期	2 星期后	PR + PC	4

续表

国家	提交公开信	国会听证会	会议^(注1)记录的公开	记者招待会/媒体投稿	《通货膨胀报告》发布频率（次/年）
巴西		每年 6 次	80 天后	PR	4
哥伦比亚		半年 1 次	2 星期后	PR	4
南非		每年 3 次以上	无	电话会议	2
泰国	有	无	2 星期后	PR + PC	4
匈牙利		每年 1 次	2 星期后	PR + PC	4
菲律宾	有	无	4 星期后	PR + PC	4
危地马拉		半年 1 次	4 星期后	PR	3
印度尼西亚		无	无	PR + PC	4
罗马尼亚		无	无	PR + PC	4
土耳其	有	半年 1 次	无	PR + PC	4
塞尔维亚	有	向国会提交听证文书	无	PR + PC	4
亚美尼亚		每年 1 次	10 天后	PC	4
加纳		无	无	PR + PC	4 ~ 6

注 1：此处指货币政策委员会等货币政策最高决策机构的会议。

注 2：PC = 记者招待会；PR = 媒体投稿。

资料来源：Hammond（2012）和各国中央银行官网。

第 3 章
通货膨胀目标制的理论基础

如前所述，20 世纪 90 年代以来通货膨胀目标制的采用国在全球范围内不断增加，在货币政策这一领域里，如同形成了一股世界潮流。任何一种货币制度的演进都不可能离开理论的孕育，通货膨胀目标制也不可能例外，它的背后必然有推动其产生和发展的深厚理论基础。

本章将沿着"人们对货币政策首要目标的理解从争论走向共识"、"货币政策规则 vs 相机抉择的争论向有约束的相机抉择收束"这两条理论线索，对推动通货膨胀目标制产生和发展的理论基础展开分析。

3.1 货币政策的首要目标从争论走向共识——价格稳定

在货币政策的诸目标中，应以价格稳定为首要目标，这一观点被逐渐认同并最终取得共识，这是通货膨胀目标制产生和兴起的重要理论背景之一。

众所周知，货币政策的最终目标有稳定物价、充分就业、经济增长、国际收支平衡等。但是，因这些目标间存在一定的矛盾性，诸目标的同时实现非常困难，所以在实践中通常需确立某一目标为主要目标并进行相应的货币政策操作。20 世纪 80 年代之前，货币政策的目标是多元化的，其目标的重要性次序随着各国具体社会经济环境的变化而调整①，人们对货币政策首要目标的理解并没有取得共识。之后，货币政策理论研究获得了突破性进展，附加预期的菲利普斯曲线理论作为一般论在中央银行家和经济学界被普遍接受；70 年代至 80 年代初期，全球各国在普遍经历了持续的高膨胀、低增长的"经济滞涨"后，深刻认识到了通货膨胀的危害和价格稳定的重要性。在这两个主要背景下，人们对"货币政策并不能系统性地影响产出和就业，其首要目标应该是致力于中长期的价格稳定"逐渐达成了共识。这可以说是支撑通货膨胀目标制产生和兴起的理论支柱之一。

3.1.1　附加预期的菲利普斯曲线与货币中性论

3.1.1.1　菲利普斯曲线

英国经济学家菲利普斯（Phillips，1958）利用英国 1861—1957 年的经验数据研究货币工资变化率与失业率之间的关系后发现，两者间存在一个负相关关系。用数式表现如下：

$$W_t = f(U_t), \quad f' < 0 \qquad (3.1)$$

其中，W_t 为货币工资的变化率；U_t 为失业率；f' 为负值，表示货币工资变化率是失业率的减函数。用图示意式（3.1）的话，即为图 3 - 1 显现的右下方倾斜曲线。此曲线被称为菲利普斯曲线。

进一步，我们可以把说明变量 W_t 置换为通货膨胀率，因为货币工

---

① 在 20 世纪 30 年代之前的国际金本位时期，中央银行的主要目标是稳定币值和汇率。40 年代中期凯恩斯主义的国家干预主张盛行后，英美各国相继以法律形式宣称，谋求充分就业是其货币政策的主要目标。50 年代以后，经济增长理论盛行，许多国家把促进经济增长作为货币政策的重点。从 60 年代开始，一些国家出现国家收支逆差，尤其是 70 年代的两次美元危机之后，平衡国际收支也被列入货币政策目标。总体而言，20 世纪 80 年代之前，货币政策的目标是多元化的。

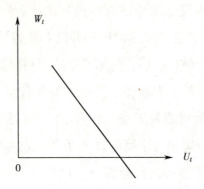

图 3 – 1　菲利普斯曲线（1）

资的增加导致了产品生产成本的上升，从而推动物价水平上升。并且，出于简化分析的目的，此处假设货币工资变化率 W_t 与通货膨胀率相等，如此，式（3.1）可变化为

$$P_t = f(U_t), \; f' < 0 \qquad\qquad (3.2)$$

此处，P_t 为通货膨胀率。菲利普斯曲线也可描述为如图 3 – 2 所示。

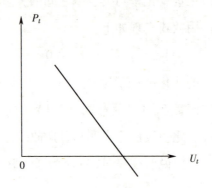

图 3 – 2　菲利普斯曲线（2）

图 3 – 2 显示，通货膨胀率与失业率之间存在着长期的替代关系。所以，如要降低失业率，就必须以高的通货膨胀率为代价；相反，要实现价格稳定，必须以高失业率为代价。政策当局可通过相应的财政货币

政策操作，达到其所期望的通货膨胀水平和一定的失业率的政策组合（比如，如果在它的考量中更为重视失业率的下降，那么它就可以通过扩张性的财政货币政策来实现这一目的；反之，则采用紧缩性的政策）。也就是说，菲利普斯曲线表明经济政策能够影响就业和产出。

3.1.1.2 附加预期的菲利普斯曲线

但以上传统的菲利普斯曲线有一个致命的缺陷——没有考虑通货膨胀预期的影响。Friedman（1968）、Phelps（1967）指出，无论是劳动者还是企业，他们最终关心的并不是货币工资而是实际工资（也即货币工资剔除通货膨胀后的真实工资），所以与失业率——这一反映劳动力市场供给过剩状况相关的变量应该是实际工资；用数式表示即 $W_t - P_t = f(U_t)$。不过，由于通货膨胀率 P_t 在 t 期期间尚未形成，所以只能用通货膨胀预期代替。因此，上式变换为

$$W_t - P_t^e = f(U_t), f' < 0 \qquad (3.3)$$

此处，P_t^e 为通货膨胀预期。式（3.3）被称为"附加预期的菲利普斯曲线"。

另外，也可与前述分析内容一样，把说明变量 W_t 置换为通货膨胀率 P_t、并同样假定货币工资变化率与通货膨胀率相等，这样，式（3.3）的"附加预期的菲利普斯曲线"也可表现为

$$P_t - P_t^e = f(U_t), f' < 0 \qquad (3.4)$$

从长期来看，通货膨胀预期应收敛于实际通货膨胀率（$P_t = P_t^e$），此时的失业率即自然失业率。所以式（3.5）成立。

$$f(U^*) = 0 \qquad (3.5)$$

式中，U^* 为自然失业率。

式（3.5）表明，从长期来看，通货膨胀率与失业率之间的替代关系并不存在，也就是说，试图通过扩张性的财政货币政策，以较高的通

货膨胀为代价获取经济增长和充分就业的主张是不可行的；这样的政策操作从长期来看并不能够促进就业和产出的增长，留下的只有通货膨胀。

以上的政策主张可以用图 3-3 具体阐述。假设经济刚开始位于 E_0 点（失业率等于自然失业率，通货膨胀预期与现实的通货膨胀率一致、为零），面临的菲利普斯曲线为 A 曲线。现在中央银行实施扩张性货币政策以期降低失业率，因为经济主体刚开始没有预期到通货膨胀正在上升，因此可激发暂时的经济增长，经济从 E_0 移动至 E_1 点，虽然通货膨胀率上升了但同时失业率确实低于自然失业率。但是，这样的经济增长是暂时的，因为经济主体很快会对物价的上涨作出反应、通货膨胀预期上升，并根据上升的通货膨胀预期来制定下一期的工资和价格，工厂增加投资和新增雇佣劳动力的动力消失，经济从 E_1 回到自然失业率水平

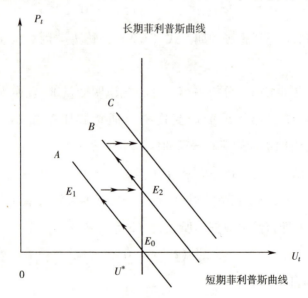

图 3-3　短期与长期菲利普斯曲线

的 E_2 点, 菲利普斯曲线上移至 B 曲线。如果中央银行再次实施扩张性的货币政策以期刺激经济, 又会导致类似上述过程的重复, 如此循环, 最终, 从长期来看菲利普斯曲线呈一条垂直线, 即长期内物价上涨率和失业率之间并不存在替代关系, 货币政策是中性的。

这样强调长期菲利普斯曲线为一垂直线的 Friedman (1968)、Phelps (1967) 等的观点, 最初并没有被许多经济学者所接受。随着大量实证研究的展开而不断被证实 (图 3 - 4), 现在作为经济学的一般理论被广为认同。附加预期的菲利普斯曲线意味着, 货币政策尽管在短期内能够影响产出和就业, 但从长期来看是中性的, 只能对物价产生影响; 因此, 中央银行更应关注的其实是中长期价格的稳定、控制通货膨胀。

3.1.2 物价稳定的重要性

如上, 菲利普斯曲线的发展使人们认识到, 一方面, 从长期来看通货膨胀与失业之间的替代关系并不存在, 试图用扩张性的货币政策来刺激经济的长期增长是不可行的, 货币政策只能对物价产生影响, 中央银行更应关注的其实是中长期价格的稳定。另一方面, 我们还必须回答这一问题, 即控制通货膨胀、保持物价稳定为何重要? 它对经济的良好发展有何积极影响? 对此问题的分析, 通常是从分析"稳定物价"的反面, 即从分析通货膨胀的成本这一角度来展开的。

由于通货膨胀是世界各国普遍存在的经济问题, 并且在市场经济的"发展长河"中一直伴随着与通货膨胀的斗争, 所以有关通货膨胀成本分析的研究数量颇多、也相当深入[1]。概括而言, 通货膨胀的成本主要

---

① 比如, 可参见 Martin (1997)、Briault (1995)。

有以下几个方面。

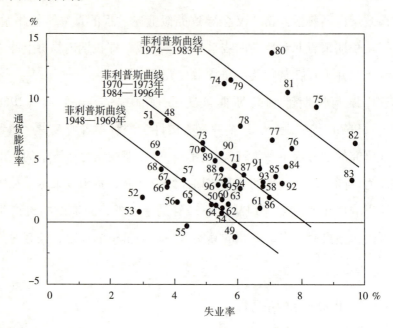

资料来源：Mishkin（1997）。

图 3 - 4　美国 1948—1996 年的菲利普斯曲线①

第一类是体制扭曲成本。用名义或货币条款签订合同的原则是市场体系有效运行的基础，通货膨胀增加了相对价格和未来价格水平的不确定性，扭曲了整个定价机制，改变了储蓄的风险升水及真实投资与名义投资、长期合同与短期合同对经济主体的相对吸引力。这种货币价值的不稳定在严重时将威胁整个市场体系本身。

第二类是税率累进的扭曲效应。由于在累进税率中边际税率将随名

①　图 3 - 4 显示了美国 1948—1996 年的菲利普斯曲线的变化情况。由于 20 世纪 60 年代末期之后美国的通货膨胀持续上升，其通货膨胀预期也向上调整，这样我们发现其菲利普斯曲线发生了向上位移，从长期来看通货膨胀与失业之间并不存在替代关系。

义收入的上升而上升，因此，通货膨胀的上升会自动引发边际税率的上升、税后工资及利息收入的下降；这种扭曲效应不但会影响到不同社会成员之间的收入分配（比如，加重了债权人负担而有利于债务人），更为重要的是它将导致人们加强适用更低边际税率的活动，从而对社会经济福利产生负面影响（比如，累进的所得税率使人们放弃更多的工作而选择闲暇，累进的资本利得税率使人们放弃资本投资而选择消费，从而使生产和消费活动减少）。

第三类是通货膨胀引起的资源成本，包括菜单成本（Menu Cost）和鞋底成本（Shoe Leather Cost）。菜单成本是指由于频繁更换价格标签所浪费的实际资源；鞋底成本则是指为最优化持有货币的成本而不得不经常地往来于家庭与银行之间，从而整个经济体系新增的不必要资源支出。

同时，对通货膨胀成本的研究也得到了广泛的实证支持，几乎所有的研究都表明通货膨胀对经济的负面影响。比如，Groshen 和 Schweitzer（1996）计算了劳动力市场由于通货膨胀上升至 10%（与 2% 水平相比）带来的产出损失是 GDP 的 2%。Wu 和 Zhang（1998）在一个内生经济增长模型中考虑了货币、通货膨胀和经济增长、社会福利的关系，并利用美国经济 1900—1994 年的数据研究后指出当通货膨胀率从 0.5% 到 5% 变化时，社会福利损失会超过 5%。Lagos 和 Wright（2005）利用货币搜寻模型研究了通货膨胀的福利成本，根据他们的研究，通货膨胀从 0 升至 10% 的福利成本为消费的 3%～5%。

发展至今日，有关通货膨胀成本的理论及实证研究日趋成熟，大量的相关研究显示无论是预期到的或是预期外的通货膨胀都有巨大的社会成本①，物价稳定是促进一国经济长期稳定增长的大前提，这一点可以说已形成了完全一致的共识。

通过以上"菲利普斯曲线的发展"和"物价稳定的重要性"这两方面的分析我们可知，经过长期、大量的相关研究，人们对"货币政策长期是中性的"以及"通货膨胀往往伴随着巨大的社会成本，价格稳定非常重要"逐渐形成了共识。正是在这样背景下，货币政策的首要目标从争论走向了一致——"价格稳定"。这是推动通货膨胀目标制产生和兴起的理论支柱之一。

3.2 "规则 vs 相机抉择"争论的收束

3.2.1 "规则 vs 相机抉择"的论争

中央银行为实现最终目标所遵循的操作方式，应是规则型的还是相机抉择型的，这一论争由来已久。所谓规则型货币政策，就是指中央银行在制定和实施货币政策时，事先确定并据以操作政策工具的程序或原则，其政策操作的本质是自动的，不需要（或很少需要）货币当局的价值判断。相机抉择，则是指在操作政策工具过程中不受任何固定程序或原则的束缚，而是依时依势灵活取舍地进行"逆经济风行"调节，以实现政策目标。

"规则 vs 相机抉择"之争，最早可追溯到 19 世纪前半叶英国国内

---

① 当然，也有部分研究认为通货膨胀对社会福利的损失相对较小。如 Lucas（2000）研究了通货膨胀对美国经济的影响，他的研究表明：对于美国经济来讲，10% 的年通货膨胀率对于消费者的福利损失仅仅相当于消费者总消费水平的 1% 左右。

的"通货学派与银行学派之争"①。虽然最终主张使用货币规则的通货学派获胜，从而使 1844 年颁布的《银行法案》规定英格兰银行发行银行券必须有 100% 的黄金支持，但在实践中，从《1844 年银行法案》出台到 1914 年期间，英国的货币政策操作仍然处于主动管理之下，金本位制的"游戏规则"在大多数国家并没有得到遵守。

人们对于实践当中各国相机抉择型货币政策操作的默认，一直维持到 20 世纪 20 年代末。1929 年资本主义世界爆发经济危机，致使许多国家的货币金融体系陷入崩溃，货币政策也因此而受到多方指责，并出现各种改革方案。如芝加哥学派的一些经济学家在 1933 年提议建立一种银行对支票存款持有 100% 准备的制度，这样即便发生银行挤兑也不会出现像大萧条时期那样的货币量大幅下降。费雪（Irving Fisher，1945）同样主张，在通货委员会买入足够多的政府债券使准备金达到 100% 之后，货币量保持固定不变。西蒙斯（Henry Simons，1948）也是规则的倡导者，他考虑了各种货币规则，甚至还包括货币数量恒定的规则，但由于注意到了流通速度方面剧烈变动的危险，他的最终结论是：至少在过渡期间，中央银行的最优规则是稳定价格水平。

作为凯恩斯主义经济学的重要组成部分，以"逆风向行事"为鲜明特征的相机抉择型货币政策操作在第二次世界大战结束后的各国宏观需求管理领域广为流行。该理论隐含的前提是，中央银行能够根据具体

①　针对 18 世纪末英格兰所发生的通货膨胀，通货学派认为，英格兰银行过量发行的银行券是通货膨胀的主要原因，由此他们主张银行券的发行和流通应该有完全相应的黄金储备作保证（也就是说，货币供给是外生的，货币政策操作应该受到严格的规则约束）。而银行学派则认为，这种规则不但是多余的（因为超额的货币供给原则上是不可能的——人们如果感受到通货膨胀的压力，就会进行银行券与金币的兑换，货币供给减少），而且会对经济活动产生负面影响。最终，通货学派在这场争论中赢得了胜利，并将其观点反映于 1844 年颁布的《银行法案》（也称比尔条例）。

的情势，机动灵活地制定和实施货币政策来调节有效需求，以熨平经济的周期性波动。但面对 20 世纪 70 年代的"经济滞涨"，凯恩斯主义的经济政策受到严重质疑。以弗里德曼为代表的货币学派认为，货币政策"长且易变的时间滞后效应"可能会导致凯恩斯学派分析框架当中积极的反周期政策达不到预期的稳定作用，并且中央银行容易受到政治压力的干扰，再加上由于评判业绩的标准不精准，中央银行相机抉择操作的权力使之能够避开社会公众的严厉追究，货币数量的过度和无规则增加是通货膨胀和经济过度波动的直接原因。在此基础上，弗里德曼提出了货币供应量增长率固定不变的"单一规则"——将货币量的年增长率长期固定在与经济趋势增长率一致的水平上。

尽管许多经济学家对相机抉择提出批评，但在 20 世纪 70 年代之前的大部分时间，它在这一论争中还是占据上风。原因很简单：无论规则论者如何雄辩地证明按规则行事的货币政策能够给经济运行带来多大益处，从逻辑上说相机抉择型货币政策操作只需依样施行即可达到同等效果，同时还具有前者所不具备的应对意外冲击的灵活性。从理论上来讲，相机抉择型货币政策几乎无懈可击［谢平、廖强（2000）］。Barro（1986）认为，规则与相机抉择之争的早期文献集中关注货币政策制定者的意图和能力，其中规则论者所持的理由是政策制定者对经济运行不具备完全知识，且容易因为利益集团的干扰而误入歧途；但从道理上讲，一个聪明的、慈善的政策制定者完全可以在考虑到这些因素之后，实施最优的相机抉择型货币政策，根本没有必要事先利用某种规则来束缚其手脚。如此，这种争论格局一直持续到 70 年代后期。

20 世纪 70 年代后期，Kydland 和 Prescott（1977）、Barro 和 Gordon（1983）把经济政策的"时间非一致性"概念引入宏观经济学领域，从而给这一争论提供了一个新的分析切入视角。

3.2.2 货币政策的时间不一致性与通货膨胀倾向

"时间不一致性"概念是将博弈论理论应用于经济政策分析的产物，它是指在时点 t 上制定一项在 $t+n$ 时点上执行的政策措施，但这项政策措施到 $t+n$ 时已经不是最优选择（反之，如果到 $t+n$ 时仍然是最优的，那么该政策措施就是时间一致性的）。这一概念最早由 Kydland 和 Prescott（1977）在分析税收政策时提出，之后 Barro 和 Gordon（1983）把其引入货币政策研究领域，认为由于时间不一致性问题的存在，相机抉择型货币政策容易产生通货膨胀倾向（Inflation Bias）。

本小节采用 Walsh（1995）的理论模型，说明相机抉择型货币政策下由于"时间不一致"问题所产生的通货膨胀倾向的形成机制。

（一）假设

（1）在此模型中，有政府、中央银行、民间部门三个经济主体存在。

（2）中央银行以使通货膨胀率及产出偏离各自的目标值最小化为使命（最小化指定的损失函数）。

（3）中央银行具有通过调节货币供应量、从而操纵物价变化的能力。

（4）中央银行与民间部门之间存在"信息非对称性"，并且中央银行处于优势，所以中央银行可相机抉择地调节货币供应量，引发通货膨胀的同时扩大产出。

（二）模型的展开

（1）损失函数：$L = \beta\pi^2 + (y - y^*)^2$　　　　　　　　　　（3.6）

其中，π 是通货膨胀率；y 是实际产出的增长率；y^* 是实际产出的目标值；β 为 π 相对于 y 从各自的目标值偏离时对 L 的影响权重，$0 < \beta < 1$。

中央银行的目标是使 L 最小化，也就是使 π 和 y 分别尽可能地接近目标值零①和 y^*。

（2）由于货币工资合同在各期期初已签约，所以预期外的通货膨胀能够刺激产出的增加，即供给函数假定为卢卡斯式的：

$$y = y^c + \alpha(\pi - \pi^e) + \varepsilon \qquad (3.7)$$

其中，π^e 为民间部门的预期通货膨胀率，y^c 是"自然失业率"状态下的产出、ε 是期待值为 0、无系列相关的"供给冲击"（Supply Shock）。

（3）通常情况下，政府所设定的产出目标值 y^* 高于"自然失业率"状态下的产出 y^c，②因此，$k \equiv y^* - y^c \geq 0$ \qquad (3.8)
这是政策当局引发预期外的通货膨胀的诱因所在。

（4）中央银行在观测了供给冲击 ε 的"信号"（Signal）θ 之后，设定货币供应量的增长率 $\{$此处，$\theta = \varepsilon + \phi$，$\phi$ 是观测误差、与 ε 无序列相关；已知 θ 之后的 ε 的期待值为 $s\theta$ $[$只是，$s = \sigma_\varepsilon^2/(\sigma_\varepsilon^2 + \sigma_\phi^2)]\}$。

中央银行通过调节货币供应量的增长率，操纵通货膨胀率的变化。即

$$\pi = m + v - \gamma\varepsilon \qquad (3.9)$$

此处，m 是货币供应量的增长率；v 是货币流通速度的变化；γ 是供给冲击 ε 影响 π 的程度③。

---

① 如前一章所述，由于现实统计工作中通货膨胀率存在着向上测度偏差的可能以及防范通货膨胀目标过低可能带来的经济风险的需要，在政策实践中通货膨胀目标值一般为 2% ~ 3%；但此处为求分析的简化我们将其设定为 0。

② 关于这一点的原因主要有：由于货币工资的向下刚性，"自然失业率"下的产出水平未必是最佳状态；选举前政府有刺激经济的快速增长，从而使选举结果对自己有利的政治谋略；政府天然地具有征收"通货膨胀税"的动机。

③ 因此处假定供给冲击对通货膨胀 π 产生负的影响，所以 γ 之前的符号应为负号"—"；当然，反过来假定也可。

在由式（3.7）至式（3.9）所构成的经济中，为使 π 的期待值等于 0 并使损失函数 L 最小化，中央银行将根据所观测到的供给冲击 ε 的"信号" θ ，而将货币供应量增长率 m 设定为[①]

$$m(\theta) = \left(\gamma - \frac{\alpha}{\alpha^2 + \beta}\right)s\theta \equiv \delta s\theta \qquad (3.10)$$

式（3.10）表明，在供给冲击 ε 对通货膨胀没有影响或影响极小（γ 为 0 或数值很小）的场合，由于 α 及 β 是正值，所以货币供应增长率应与 θ 同比例的下调；如果 γ 为较大的正值，即供给冲击会使通货膨胀大幅下降，那么，此时应根据观测到的 θ 同比例的增加货币供应量。

如果中央银行基于式（3.10）调节货币供应量，从长期来看社会福利将会达到最大化。但是，这样的货币政策操作在实践中难以实现，因为在民间部门预期到中央银行会引发通货膨胀之后，中央银行将基于以下式（3.11）进行政策操作。

$$m^{dis}(\theta) = (\alpha k/\beta) + \delta s\theta \qquad (3.11)$$

这一过程如图 3-5 所示。以 A 点为圆心的椭圆是式（3.6）损失函数的无差别曲线，越接近圆心损失越小、社会福利越高。直线 GH、EF 是式（3.7）供给函数所示的总供给曲线，各自对应的预期通货膨胀率是 $\alpha k/\beta$ 和 0。中央银行可通过所观测到的供给冲击 ε 的"信号" θ 来调整货币供应量增长率 m ，从而将经济引导至不同的均衡点。如果中央银行基于式（3.10）的规则进行货币政策操作的话，那么从长期来看，经济将会处于通货膨胀率为零、产出为与自然失业率相对应的 B 点。

但是，当经济处于 B 点，民间部门的预期通货膨胀率为零的时候，

---

① 式（3.10）及之后式（3.11）的推导，请见本章正文后的"附录3-1"。

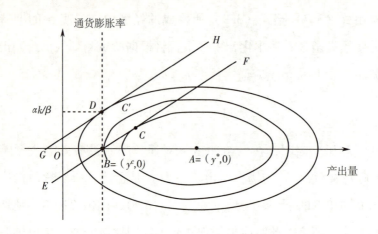

资料来源：白塚·藤木（1997）。

图 3–5　"时间不一致"问题与通货膨胀倾向

中央银行将有可能出于某种动机（比如来自政府部门的压力）追求更高的社会福利，通过提高货币供应量增长率 m、引发预料外的通货膨胀从而引导经济调整至 C 点（如图所示，C 点的损失函数低于 B 点）。但是，由于 C 点的通货膨胀率高于民间部门的零预期通货膨胀率，因此从长期来看民间部门的通货膨胀预期将向实际通货膨胀率调整，经济将无法再位于 C 点。

最后，长期均衡点将调整至 D 点。在这一点上，民间部门的预期通货膨胀率是 $\alpha k/\beta$，与实际通货膨胀率一致；同时产出却回到政策扩张前的水平。这样的相机抉择型的货币政策宽松，短期内虽然会刺激经济调整至 C 点，提高了社会福利；但长期来看最后仍将"落脚"于 D 点——产出没有任何变化，唯一的变化是通货膨胀率上升至 $\alpha k/\beta$。此

处的 $\alpha k/\beta$ 就是在相机抉择型货币政策下所产生的通货膨胀倾向[①]。

综上分析可知，在相机抉择下，由于没有进行事先承诺，中央银行在货币政策操作过程中具有改变政策决策的机会（产生"时间不一致性"问题），这样容易产生通货膨胀倾向。

3. 2. 3　规则与相机抉择的权衡

通过前小节分析我们可知，相机抉择型政策内在地具有"时间不一致"问题，容易产生通货膨胀倾向，降低社会福利水平。至此，似乎可以给"规则 vs 相机抉择"的争论画上一个句号：规则优于相机抉择型。但是，更进一步地分析我们不难发现，相机抉择型政策也有有利的一面：中央银行利用它的信息优势，能够针对不利的供给冲击或意外的货币需求迅速、灵活地进行调整，避免产出的过度波动；而这一点又正是规则型政策所欠缺的。所以"规则 vs 相机抉择"到底哪一个处于优势，并不能简单地断言。

本小节将使用理论模型，对以上内容进行具体分析（分为"经济社会不存在非确定性事件"和"存在非确定性事件"两个场合，分别展开）。

（一）经济社会不存在非确定性事件

首先，总供给仍由卢卡斯供给函数决定[②]：

$$y = y^c + b(\pi - \pi^e), b > 0 \tag{3.12}$$

其中，y^c 为与自然失业率对应的产出；π 为通货膨胀率；π^e 为民间部门的

---

① 并且我们还可以看到，k（反映政策当局的产出目标试图超过"自然失业率"下产出水平的图谋大小）、α（显示通过引发预料外的通货膨胀所带来的产出增加程度的大小）越大，或者 β（对低通货膨胀的评价）越小，通货膨胀倾向越高。

② 由于假定不存在非确定性事件，所以供给函数里不包含随机扰动冲击项 ε。

预期通货膨胀率。

其次，政策当局同样考虑如下的损失函数[①]：

$$L = a\pi^2 + (y - ky^c)^2, \quad a > 0, k > 1 \qquad (3.13)$$

中央银行的政策目标是使上述损失函数最小化，这样把式（3.12）代入式（3.13）并对 π 求导，求得使式（3.13）的损失函数最小化的一阶条件：

$$\pi = (a + b^2)^{-1}b[(k - 1)y^c + b\pi^e] \qquad (3.14)$$

下面我们以式（3.14）为基准，来比较分析相机抉择型和规则型货币政策下的社会损失。

（1）相机抉择型货币政策下的损失函数

在相机抉择的情况下，从长期来看预期通货膨胀率等于实际通货膨胀率，即 $\pi^e = \pi$。把此式代入式（3.14）并整理后得到：

$$\pi_d = (b/a)(k - 1)y^c \qquad (3.15)$$

此处，π_d 的下标 d 代表"相机抉择"（Discretion）。

另外，由于 $\pi^e = \pi$，所以根据（3.12）式得到 $y = y^c$。这样把此等式及其式（3.15）代入式（3.13）并整理后，可得相机抉择型政策下的社会损失为式（3.16）：

$$L_d = (1 + b^2/a)(k - 1)^2 y^{c^2} \qquad (3.16)$$

（2）规则型货币政策下的损失函数

我们假设：政策当局预先明确宣布其政策目标是把通货膨胀率控制为零，在这样的规则型货币政策下，只要民间部门相信这一承诺，则 $\pi^e = \pi = 0$，那么式（3.13）所示的损失函数则为

---

① 如同前小节一样，出于简化分析的考虑，中央银行的通货膨胀目标值假设为零；另外，由于政策当局的产出目标值高于"自然失业率"状态下的产出 y^c，所以 $k > 1$。

$$L_r = (k-1)^2 y^{c^2} \tag{3.17}$$

此处，L_r 的下标 r 代表"规则"（Rule）。

因为 $(1 + b^2/a) > 1$，所以比较式（3.16）、式（3.17）我们立即可以发现，相机抉择型货币政策下的社会损失高于规则型货币政策。

（二）经济社会存在不确定性事件

以上分析表明，规则可以带来更少的社会损失，要优于相机抉择。但是，现实经济运行中经常会存在各种不确定性事件，受到各种随机扰动冲击。那么，在这样的场合，情况会如何变化呢？我们对此展开分析。

首先，由于现实经济社会存在着随机扰动冲击，所以，供给函数应为

$$y = y^c + b(\pi - \pi^e) + \varepsilon, b > 0 \tag{3.18}$$

此处，ε 是期待值为 0、方差为 σ^2，无系列相关的随机扰动项。

其次，政策当局考虑的损失函数如同式（3.13）一样，即 $L = a\pi^2 + (y - ky^c)^2, a > 0, k > 1$。把式（3.18）代入此损失函数方程并对 π 求导，其一阶条件为

$$\pi = (a + b^2)^{-1} b[(k-1)y^c + b\pi^e - \varepsilon] \tag{3.19}$$

以下，我们以式（3.19）为基准，计算存在不确定性事件的现实经济社会中，相机抉择型和规则型货币政策下的损失函数。

（1）相机抉择型货币政策下的损失函数

由于民间部门在信息获取方面处于劣势，这使得他们在决定货币工资和商品价格之际尚未能观察到随机扰动项 ε；这样，预期通货膨胀率就仍为之前没有随机扰动的值，也即 $\pi^e = (b/a)(k-1)y^c$。此式代入式（3.19），得到：

$$\pi_{d''} = (b/a)(k-1)y^c - (a + b^2)^{-1} b\varepsilon \tag{3.20}$$

然后，把 π^e 和 $\pi_{d''}$ 代入式（3.18），整理后得到式（3.21）：

$$y_{d''} = y^c + a/(a + b^2)\varepsilon \qquad (3.21)$$

再将式（3.20）和式（3.21）代入原损失函数式（3.13），并求期望值；我们得到在不确定条件下采取相机抉择型货币政策时的损失函数期望值如下:[1]

$$E(L_d) = (1 + b^2/a)(k - 1)^2 y^{c2} + (1 + b^2/a)^{-1}\sigma^2 \qquad (3.22)$$

（2）规则型货币政策下的损失函数

假设政策当局观察到冲击后并没有相机抉择的自由，仍然遵循其政策目标是把通货膨胀率控制在零的这一目标规则进行政策操作。此时，$\pi^e = 0$，并代入式（3.19）得到：

$$\pi_{r''} = (a + b^2)^{-1}b[(k - 1)y^c - \varepsilon] \qquad (3.23)$$

之后，将式（3.23）和 $\pi^e = 0$ 代入式（3.18），整理后则为

$$y_{r''} = y^c + b^2(k - 1)/(a + b^2)y^c + (1 - k)\varepsilon \qquad (3.24)$$

同样，将式（3.23）和式（3.24）代入损失函数式（3.13），求期望值。那么，规则型政策下损失函数的期望值就为式（3.25）：

$$E(L_r) = (k - 1)^2 y^{c2} + (1 + a)(1 + b^2/a)^{-1}\sigma^2 \qquad (3.25)$$

比较式（3.22）与式（3.25）后我们不难发现，相机抉择下损失函数方程的第一项高于规则型政策，这反映出相机抉择型政策下的"时间不一致"问题的后果；而式（3.22）的第二项却低于后者的对应项，体现了在存在不确定性事件的现实经济中，相机抉择的灵活性所带来的社会福利，这是相机抉择的优势所在。因此，规则与相机抉择在政策的可信度与灵活性方面各有优势，并不是在任何场合规则型政策都具有绝对优势。

---

① 式（3.22）的推导，请见本章"附录 3 - 1"；此外，式（3.20）的推导过程因与式（3.22）相同，所以不再重复显示。

3.2.4　"有约束的相机抉择"政策

以上分析表明，一方面，规则型政策可以对中央银行形成约束，提高和强化货币政策的可信度和问责机制，避免政策的"时间不一致"问题下产生的通货膨胀倾向。但另一方面，在存在各种不利的供给波动或意外的货币需求等扰动冲击的现实经济中，规则又过于僵化，缺乏及时应对或缓和不利冲击的灵活性；而这一点又正是相机抉择型政策的长处。结果，这场由来已久的争论进入到 20 世纪 80 年代后，人们不再"纠缠"于规则抑或相机抉择的简单"两分法"分析，而是向探讨兼具两者长处的"有约束的相机抉择"发展。

3.2.4.1　最优契约模型

相机抉择下货币政策所具有的"时间不一致"问题以及由此所产生的通货膨胀倾向，源于中央银行面对的膨胀性激励或压力。因此，通过改变中央银行的激励机制也是解决这一问题的重要路径之一。Walsh（1995）从最优契约的角度分析了货币政策的委托代理问题。他认为决定最优激励结果的捷径是假定政府可以向中央银行行长提供一项依据其经济情况而定的工资合约（这可视为中央银行行长的工资收入，也可视为中央银行所获取的预算），这会促使中央银行的货币政策消除通货膨胀倾向，同时还可以灵活地应对国内外的经济冲击。

如图 3-5 所示，相机抉择型政策下经济的长期均衡点 D 点居于最优均衡 B 点的正上方。如能通过什么方法，将中央银行的目标函数往下"拖移" $\alpha k/\beta$ 的距离，那么即便在相机抉择下，长期均衡点也能调整在最优点 B 点上。具体而言，Walsh（1995）提出了以下的"最优契约"方案。

政府与中央银行签订如式（3.26）所示的薪金契约：

$$t(\pi) = t_0 - 2\alpha k\pi$$

$$E(t - L) = 0 \qquad (3.26)$$

其中,方程式第一行意味着政府支付给央行行长的工资收入为固定额 t_0 减去罚金(通货膨胀率每上升 1% 的罚金为 $2\alpha k$),第二行表示其工资收入的期望值为 0 的约束条件。面对这样一个薪金契约,中央银行将不再基于式(3.6),而是依据式(3.27)目标函数的最大化来采取行动:

$$L \equiv (t - L) = t_0 - 2\alpha k\pi - [\beta\pi^2 + (y - y^*)^2]$$

$$= \beta [\pi - (-\alpha k/\beta)]^2 - (y - y^*)^2 + constant \qquad (3.27)$$

从式(3.27)我们可以看到,目标函数将整体下移,长期均衡点被引导至 B 点(如图 3-6 所示),并且它是在保留了中央银行相机抉择的灵活性条件下实现的。显然,通过这一具有"有约束的相机抉择"属性(薪金合约对中央银行施加了约束,但同时又保留了其"相机抉择"的一定空间)的最优契约[①],在消除货币政策的"时间不一致性"所产生的通货膨胀倾向的同时,实现了经济的稳定增长。

3.2.4.2 通货膨胀目标制——"有约束的相机抉择"政策

上述"最优契约"理论给我们提供了一个如何使货币政策兼具"规则"可信度和"相机抉择"灵活性的理论框架和分析思路,同时也充分地展示出了这样的货币政策所具有的魅力。从现实角度来看,这样的激励机制可操作性欠缺,目前也没有哪一国采用。

但是,基于以上的理论构想,如果有一种货币政策,它通过公开宣布通货膨胀的数值目标来对稳定物价进行强有力的承诺,从而给中央银

---

① Rogoff(1985)的"保守的中央银行"提案以及 Barro 和 Gordon(1983)的"中央银行声誉约束"提议,作为抑制通货膨胀倾向的经典理论而经常被提及。但这两个理论的分析重心在于如何抑制通货膨胀倾向(即规则)上,与此处所阐述的兼具规则可信性和相机抉择灵活性的"有约束的相机抉择"的分析不太整合,所以本研究不将它们纳入分析框架。

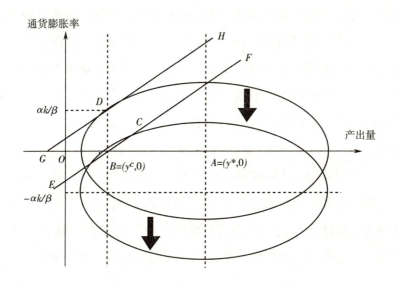

图 3 – 6　最优契约模型

行套上一个"紧箍咒"（规则）的同时，又让它拥有在短期内灵活应对经济干扰的一定政策空间（一定程度的相机抉择），那么，如同以上分析所显示的那样，这样一种"有约束的相机抉择"政策无疑是最佳的。而通货膨胀目标制，正是此理论构想的现实体现。

　　如我们在第二章所分析的那样，从理论上来讲，通货膨胀目标制并不是只关注通货膨胀目标而不顾及其他目标的"教条主义"般的规则。同时在实践中，无论哪个中央银行都实行了具有一定程度的灵活性的通货膨胀目标制，在坚持中长期实现通货膨胀目标的同时，又允许它灵活地应对经济冲击——比如，绝大部分国家的通货膨胀目标值都是区间目标形式，部分国家甚至设计了"例外条款"，这赋予了中央银行一定的相机抉择的空间；并且如之后第 7 章分析的那样，为了减轻较大的冲击对经济的震荡，在政策实践中允许实际通货膨胀率短期偏离通货膨胀目标区间是常见现象（当然，由于通货膨胀目标制国家非常强调政策的透明度以及与公众的沟通，所以，货币政策的公信力并未由此受到多大影响）。从短期来看通货膨胀目标制给予了中央银行的一定机动性，但从长期来看中央银行又要受到外界对其是否完成了规定业绩进行衡量和评价的约束——这就如同被船锚"锚"住的一条船那样，在一定的距离内可随波漂移（相机抉择），但同时又无法漂得太远（约束）。通货膨胀目标制正是这样的"有约束的相机抉择"政策框架。

综上分析可知，货币政策操作应该是规则还是相机抉择的这一论争经过长期的发展，人们逐渐地认识到简单的"两分法"并不可取，兼具规则的可信度和相机抉择的灵活性的"有约束的相机抉择"才是最优选择。这是推动通货膨胀目标制产生和发展的另一理论支柱。

3.3 本章小结

任何一种货币制度的演进都不可能离开理论的孕育。尽管在新西兰成为世界上第一个正式实行通货膨胀目标制的国家之前，我们很难找到有关通货膨胀目标制的理论文献，但仔细审视货币经济理论发展的历史，我们会发现这种制度的诞生和发展与过去几十年里两条经济理论线索的演进有着极为密切的关系。

如图 3-7 所示，第一条理论线索是人们对中央银行货币政策首要目标的理解从争论走向共识。一方面，理性预期理论的引入，打破了传统的菲利普斯曲线所揭示的通货膨胀与失业率之间的更替关系，从长期来看通货膨胀与失业率之间的替代关系并不存在，这意味着即使以通货膨胀上升为代价也不一定带来失业率的下降，货币是中性的；另一方面，实践中物价高涨的教训使人们逐步认识到通货膨胀对经济发展的危害性和巨大的社会成本。因此，人们对货币政策能做什么、不能做什么有了更清晰的认识，并日益达成共识——货币政策的首要目标应该是稳定物价，保持物价的长期稳定是货币政策能对就业和经济增长作出的最大贡献。

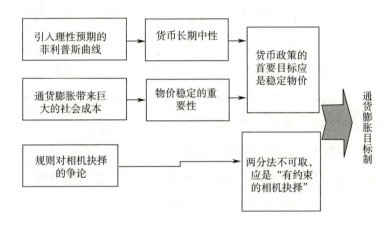

图 3 - 7　通货膨胀目标制发展的理论背景

　　另外一条理论线索是货币政策操作应该是规则还是相机抉择争论的发展。这场由来已久的争论由于"时间不一致"的问题的引入，而被注入了新的活力。一方面，相机抉择容易产生"时间不一致"问题而具有内在的通货膨胀倾向；规则具有政策可信度高的长处，但另一方面又过于僵化、缺乏及时应对或缓和不利冲击的灵活性，而这一点又正是相机抉择的优点。随着货币政策理论的发展，这场论争进入到 20 世纪 80 年代之后，人们逐渐地认识到，规则抑或相机抉择的"两分法"并不利于对货币政策实践的指导，好的货币政策应该兼具规则的可信度和相机抉择的灵活性，即"有约束的相机抉择"才是最优选择。

　　正是这两条理论线索的发展，为通货膨胀目标制的诞生进行了重要的思想启蒙和理论铺垫，并推动了它的不断发展。

　　当然，以上的理论背景分析是基于宏观经济学的传统分析框架所展开的研究。另外，20 世纪末期以来，具有前瞻性和微观基础的新凯恩斯模型得到发展，使用新凯恩斯模型进行通货膨胀的成本分析、"规则 vs 相机抉择"的比较等相关研究在不断增加。比如，Woodford（2003）以价格黏性模型为中心对物价稳定的社会福利展开了研究后认为，即便是存在供给冲击等不确定事件的场合，以"稳定物价"为优先目标的货币政策仍具有相当大的优势。Woodford（2010）在强调了新凯恩斯模型中的前瞻性因素（预期的未来产出缺口会影响当前的产出缺口、预期的未来通货膨胀决定当前的通货膨胀）变量对经济体系动态变化的核心作用后分析指出，相机抉择下一旦发生政策失误这些变量将通过"预期的自我实现"机制成为经济的不稳定要因；因此，中央银行还不如遵循规则型的政策操作从而形成较高的政策公信力，并且政策公信力的提高将通过"预期"的作用使得货币政策更为有效。冈野（2005）基于新凯恩斯模型并使用英国的数据实证分析后主张，通货膨胀目标制有利于降低物价稳定与产出稳定之间的替代关系，提高社会福利水平。这些使用新凯恩斯模型的研究[①]，给通货膨胀目标制的理论基础分析注入了新的活力，我们将把其作为今后研究的一部分对此展开更为细致的分析。

附录 3-1：本章相关方程式的推导

一、式（3.10）的推导

因为式（3.6）损失函数为二次方程，所以其反应函数为如下的线性方程：

$$m(\theta) = a + b\theta \qquad (A)$$

中央银行选择上式（A）的 a 和 b，从而使式（3.6）损失函数最

---

① 这一方面的相关研究还有 Svensson（2010）、Giannoni 和 Woodford（2003）等。

小化。具体步骤如下：

首先，将式（3.7）至式（3.9）及式（A）代入损失函数式（3.6），并取其期待值。

$$E(L) = E\{\beta(m + v - \gamma\varepsilon)^2 + [y^c + \alpha(\pi - \pi^e) + \varepsilon - k - y^c]^2\}$$

$$= E\{\beta(a + \theta b + v - \gamma\varepsilon)^2 + [\alpha(m + v - \gamma\varepsilon - \pi^e) + \varepsilon - k]^2\}$$

$$= E\{\beta(a + \theta b + v - \gamma\varepsilon)^2 + [\alpha(a + \theta b + v - \gamma\varepsilon - \pi^e) + \varepsilon - k]^2\}$$

$$\text{（A1）}$$

$\pi^e = E(m) = a$，所以式（A1）变化为

$$E(L) = E[\beta(a + \theta b + v - \gamma\varepsilon)^2 + (\alpha\theta b + \alpha v - \alpha\gamma\varepsilon + \varepsilon - k)^2]$$

然后，对上式的 a 和 b 分别进行求导，其一阶条件为

$$E[\beta(a + \theta b + v - \gamma\varepsilon)] = 0 \qquad \text{（A2）}$$

$$E[\beta\theta(a + \theta b + v - \gamma\varepsilon) + \alpha\theta(\alpha\theta b + \alpha v - \alpha\gamma\varepsilon + \varepsilon - k)] = 0 \quad \text{（A3）}$$

因为 $E(\theta) = 0, E(\varepsilon) = 0, E(v) = 0$，所以式（A2）的解为

$$a = 0 \qquad \text{（A4）}$$

式（A4）代入式（A3），并且 $\theta = \varepsilon + \phi$，所以式（A3）为

$$E(\alpha^2\theta^2 b - \alpha^2\theta\gamma\varepsilon + \alpha\varepsilon\theta - k\alpha\theta + \beta\theta^2 b - \beta\theta\gamma\varepsilon) = 0$$

$$E(\varepsilon) = 0 \Rightarrow E[\varepsilon^2] = \sigma_\varepsilon^2$$

$$E(\theta) = 0 \Rightarrow E[\theta^2] = \sigma_\theta^2 \qquad \text{（A5）}$$

式（A5）变化为

$$\alpha^2\sigma_\theta^2 b - \alpha^2\gamma\sigma_\varepsilon^2 + \alpha\sigma_\varepsilon^2 + \beta\sigma_\theta^2 b + \beta\sigma_\theta^2 b - \beta\gamma\sigma_\varepsilon^2 = 0$$

上式两边均除以 σ_θ^2，并且因为 $s = \sigma_\varepsilon^2/(\sigma_\varepsilon^2 + \sigma_\phi^2) = \sigma_\varepsilon^2/\sigma_\theta^2$，这样，

$$\alpha^2 b - \alpha^2\gamma s + \alpha s + \beta b - \beta\gamma s = 0$$

$$(\alpha^2 + \beta)b = \alpha^2\gamma s - \alpha s + \beta\gamma s$$

$$= (\alpha^2 + \beta)\gamma s - \alpha s$$

$$b = \left(\gamma - \frac{\alpha}{\alpha^2 + \beta}\right)s \equiv \delta s$$

结果，式（A）为 $m(\theta) = a + b\theta = \delta s\theta$，即由式（3.10）的 $m(\theta) = \delta s\theta$ 推导而出。

二、式（3.11）的推导

民间部门的通货膨胀预期作为已知条件的情况下，中央银行基于使损失函数式（3.6）最小化而进行政策操作。其推导过程与式（3.10）相同，即在 $E(\varepsilon|\theta) = s\theta$ 既定之下，$s = \sigma_\varepsilon^2/(\sigma_\varepsilon^2 + \sigma_\phi^2)$，

$$E(L) = E\{\beta(a + \theta b + v - \gamma\theta s)^2 + [\alpha(a + \theta b + v - \gamma s\theta - \pi^e) + s\theta - k]^2\}$$

$$(B1)$$

之后，求使式（B1）最小化的一阶条件：

$$E[\beta(a + \theta b + v - \gamma\theta s) + \alpha(\alpha a + \alpha\theta b + \alpha v - \alpha\gamma s\theta - \alpha\pi^e + s\theta - k)] = 0$$

$$(B2)$$

因 $\pi^e = a$，整理式（B2），则得到：

[同时注意，与上式（3.10）推导一样：$E(\theta) = 0, E(\varepsilon) = 0$，$E(v) = 0$]

$$a = \frac{\alpha k}{\beta} \qquad (B3)$$

将此式（B3）代入式（B2）并整理后得到：

$$b = \left(\gamma - \frac{s}{\alpha^2 + \beta}\right)s \equiv \delta s$$

结果，式（A）中 $m(\theta) = a + b\theta = \frac{\alpha k}{\beta} + \delta s\theta$，由式（3.11）推导而出。

三、式（3.22）的推导

把式（3.20）和式（3.21）代入式（3.13），则为

$$L_d = a\pi_{d''}{}^2 + \left(y^c + \frac{a}{a^2 + b^2}\varepsilon - ky^c\right)^2$$

$$= a\left[\frac{b}{a}(k-1)y^c - \frac{b\varepsilon}{a+b^2}\right]^2 + \left[(1-k)y^c + \frac{a}{a+b^2}\varepsilon\right]^2$$

$$= a\left[\frac{b^2}{a^2}(k-1)^2(y^c)^2 - \frac{2b^2\varepsilon}{a(a+b^2)}(k-1)y^c + \frac{b^2\varepsilon^2}{(a+b^2)^2}\right]$$

$$+ \left[(1-k)^2y^{c^2} + \frac{2a\varepsilon(1-k)y^c}{a+b^2} + \frac{a^2\varepsilon^2}{(a+b^2)^2}\right]$$

$$= \frac{b^2}{a}(k-1)^2y^{c^2} - \frac{2b^2\varepsilon}{a+b^2}(k-1)y^c + \frac{ab^2\varepsilon^2}{(a+b^2)^2}$$

$$+ (1-k)^2y^{c^2} + \frac{2a\varepsilon(1-k)y^c}{a+b^2} + \frac{a^2\varepsilon^2}{(a+b^2)^2}$$

$$= \left(1 + \frac{b^2}{a}\right)(k-1)^2y^{c^2} - \frac{2}{a+b^2}(k-1)(a+b^2)y^c\varepsilon + \frac{(ab^2+a^2)\varepsilon^2}{(a+b^2)^2}$$

$$= \left(1 + \frac{b^2}{a}\right)(k-1)^2y^{c^2} - 2(k-1)y^c\varepsilon + \frac{a}{a+b^2}\varepsilon^2$$

然后，以上损失函数取期望值。

$$E(L_d) = E\left[\left(1 + \frac{b^2}{a}\right)(k-1)^2y^{c^2} - 2(k-1)y^c\varepsilon + \left(1 + \frac{b^2}{a}\right)^{-1}\varepsilon^2\right]$$

$$= \left(1 + \frac{b^2}{a}\right)(k-1)^2y^{c^2} - 2(k-1)y^cE(\varepsilon) + \left(1 + \frac{b^2}{a}\right)^{-1}E(\varepsilon^2)$$

因为 $E(\varepsilon) = 0$ ，所以 $E(\varepsilon^2) = D(\varepsilon) + [E(\varepsilon)]^2 = \sigma^2$

最终，得到式（3.22）：

$$E(L_d) = \left(1 + \frac{b^2}{a}\right)(k-1)^2y^{c^2} + \left(1 + \frac{b^2}{a}\right)^{-1}\sigma^2$$

第4章
通货膨胀目标制宏观经济效应
"非对称性" 的验证

自 20 世纪 90 年代初通货膨胀目标制诞生以来，吸引了全球经济学家和政策制定者们的极大关注，他们从不同的视角对它进行了持续而深入的探讨和研究。在这些研究中，对通货膨胀目标制的宏观经济政策效应的分析始终是主要的焦点；相对于其他货币政策而言，通货膨胀目标制下的宏观经济表现是否更佳？这一政策框架对一国宏观经济的改善是否具有积极的政策效果？

我们在阅读和梳理了这一方面的大量相关研究文献后发现，通货膨胀目标制的宏观经济政策效应在工业国家与新兴市场国家之间似乎存在着不同的表现；它在新兴市场国家表现出具有改善一国宏观经济的积极政策效果，但在工业国家却缺乏足够证据来证实这一点。那么，这样的"非对称性"是否确实存在？本章的目的，正是对此"非对称性"进行验证。

4.1 文献回顾及问题的提出

关于通货膨胀目标制影响宏观经济的政策效果，许多经济学家运用不同方法进行了定量检验。只是，如下所述，现有相关研究并未取得一致结论。

Ball 和 Sheridan（2005）运用 DID 方法对 OECD 中 7 个在 20 世纪 90 年代实行通货膨胀目标制的工业国家和 13 个非目标制国家（又称工业国家）展开分析后认为，没有证据表明通货膨胀目标制可以改善一国宏观经济表现；由于目标制国家的初始经济表现相对较差，所以采用之后其宏观经济的改善只是一种向均值回归的反映，一旦控制了这一效应，这些国家与非目标制国家的宏观经济绩效就没有显著性差异。Honda（2000）构造了由通货膨胀率、实际 GDP 成长率、名义短期利率以及名义汇率组成的向量自回归模型（VAR），对 90 年代前期采用通货膨胀目标制的新西兰、加拿大、英国进行了诱导方程式的系数是否发生变化的检验，结果是没有得出支持方程式系数发生变化的统计上有意义的结论，对通货膨胀目标制的有效性持保留看法。此外，Lin 和 Ye（2007）、Hyvonen 等（2004）、Cecchett 和 Ehrmann（1999）的研究也同样主张，通货膨胀目标制在工业国家并不具有改善一国宏观经济表现的作用。

以上研究成果显示，工业国家采用通货膨胀目标制后没有足够的证据表明它可以改善一国的宏观经济表现（当然，也没有证据显示通货膨胀目标制恶化了一国宏观经济）。当然，也有持相反观点的研究成果，但这样的文献很少①。

另外，考察样本为新兴市场国家的经验研究，自 2000 年代中期之后

---

① 比如，Levin（2004）等考察了 5 个工业化通货膨胀目标制国家与 7 个非目标制的工业化国家从 1994 年到 2003 年第二季度的时间序列数据，对每个国家的通货膨胀时间序列进行单变量回归，发现通货膨胀目标制国家的通货膨胀惯性很低，并且对冲击的反应持续时间也较短；同时他们还发现，通货膨胀目标制国家较低的通货膨胀惯性并没有导致产出的波动增加，这说明这一货币政策框架改善了产出与通货膨胀波动的替代关系。另外，Ginindza 等（2013）指出工业国家采用通货膨胀目标制后有助于其通货膨胀的下降，但此政策效果的确切量化结果与选择理想的社会福利函数一样，主观性很强。

不断增多（因为新兴市场国家的采用时期大多较晚，普遍在 20 世纪 90 年代末期及之后）。比如，Lin 和 Ye（2009）以 2002 年之前采用通货膨胀目标制的 13 个新兴市场国家为考察对象、应用 PSM 方法（倾向分值匹配法）对此政策效果进行了检验，其研究结果显示这一货币政策对通货膨胀及其波动幅度的降低具有积极意义。Goncalves 和 Salles（2008）对 11 个目标制国家和 24 个作为对照组的非目标制国家展开比较分析后发现，即便控制了"向均值回归"这一效应，结果仍显示通货膨胀目标制对新兴市场国家宏观经济的改善（产出波动、物价水平及其波动幅度的降低）具有积极的政策效果。IMF（2006）以 13 个采用通货膨胀目标制的新兴市场国家为考察对象，并选择 29 个非目标制国家为对照组，将全球经济因素的影响作为一个控制变量，同时考虑到风险升水、资本流动的变化以及贸易条件的冲击，模拟各种货币政策的宏观经济表现；结果显示，通货膨胀目标制国家在宏观经济方面的表现明显优于采用其他货币政策的经济体，它能够更大幅度地降低物价水平及其波动幅度，并且中长期通货膨胀预期更低而稳定，同时对产出波动的影响更小。

　　由此可见，以新兴经济体为考察对象的大量研究文献显示出通货膨胀目标制对一国宏观经济的改善具有积极的政策效果。[1]

　　综合以上研究成果，我们不难发现它似乎呈现出这样的"非对称性"：关于通货膨胀目标制的宏观经济效应的检验结果在工业国家与新兴市场国家之间存在着不同的结论。但是，由于上述各项研究的考察对象缺乏全面性和系统性（或只分析工业国家或只分析新兴市场国家，并且不少研究样本还仅为其中的部分通货膨胀目标制国家）、采用的分

---

　　[1]　持同样观点的这一方面文献还有：Ayres 等（2014）、Svenssion（2010）、Nicoletta 和 Laxton（2006）、Roger（2009）、IMF（2005）等。

析方法也缺乏统一性；显然，如果只是简单地"综合"这些研究成果就"推导"出"非对称性"效应存在的这一结论的话，未免缺乏科学性和信服力。鉴于此，笔者以采用通货膨胀目标制的所有国家（工业国家及新兴市场国家）为考察对象，采用 DID 方法并结合 Bootstrap 检验对此展开分析，以验证这一"非对称性"是否确实存在。

4.2　样本及变量的设定

4.2.1　样本的选择

本研究以通货膨胀目标制的全部采用国为考察对象。但为了使时间序列变量保持一定的长度，2003 年以后的采用国从中剔除；另外，因加入欧元区而于 1998 年退出通货膨胀目标制的西班牙和芬兰两国也同样剔除。这样，考察对象就为表 4 - 1 左侧所示的 21 个通货膨胀目标制国家。为了进行对比分析，我们必须选定一组对照组国家（选择标准是使两者保持较好的可比性）。工业国家的对照组选择，常用的方法是以 OECD 国家为对象进行分组来确定；本研究也是如此，即从 34 个 OECD 成员国中剔除新兴市场国家和采用通货膨胀目标制的工业国家，余者即为工业国家的对照组国家（表 4 - 1 右侧上部 13 国）。而新兴市场国家对照组选择，我们按照 IMF（2006）、Gonçalves 和 Salles（2008）的方法，以摩根大通的 EMBI 指数（JP Morgan Emerging Markets Bond Index）构成国为对象，从中剔除新兴市场国家中的通货膨胀目标制国家①，余者即为新兴市场国家对照组国家（表 4 - 1 右侧下部 17 国）。

---

① 由于客观原因，俄罗斯、乌克兰、克罗地亚可采得数据的始点很晚（1992 年乃至更后），时间序列长度太短，不适合展开计量分析，所以，虽为 EMBI 指数构成国的这几个国家也一并剔除。

笔者认为，以上对照组的选定具有较强的合理性和客观可比性。由此，本研究样本由表 4 – 1 所示的 51 国构成。

表 4 – 1　　　　　　　　通货膨胀目标制国家与对照国

目标制国家 （（）内为采用时间）	对照组 （非目标制国家）
新西兰（1990 年 3 月） 加拿大（1991 年 2 月） 英国（1992 年 10 月） 瑞典（1993 年 1 月） 澳大利亚（1993 年 4 月） 瑞士（2000 年 2 月） 冰岛（2001 年 3 月） 挪威（2001 年 3 月）	奥地利、比利时 丹麦、法国 爱尔兰、日本 卢森堡、荷兰 美国、意大利 希腊、葡萄牙 德国
工业国家平均采用时间：1995 年 4 月	
智利（1990 年 9 月） 以色列（1992 年 1 月） 秘鲁（1994 年 1 月） 捷克（1998 年 1 月） 韩国（1998 年 4 月） 波兰（1998 年 10 月） 巴西（1999 年 6 月） 墨西哥（1999 年 1 月） 哥伦比亚（1999 年 9 月） 南非（2000 年 2 月） 泰国（2000 年 5 月） 匈牙利（2001 年 6 月） 菲律宾（2002 年 1 月）	阿根廷、马来西亚 乌拉圭、多米尼加 印度尼西亚、埃及 科特迪瓦、厄瓜多尔 尼日利亚 摩洛哥 巴基斯坦 委内瑞拉 阿尔及利亚 突尼斯 萨尔瓦多 中国、土耳其
新兴体平均采用时间：1998 年 1 月	

注：1. 如第二章所述，关于通货膨胀目标制国家的采用时期，我们依据 Mishkin 和 Hebbel（2007）的观点。

2. 通货膨胀目标制国家的以色列和捷克两国，并不包含于 JP 摩根 EMBI 指数中。

3. 因为本研究样本的时间长度为 1980—2007 年，所以我们与 IMF（2006）、Mishkin 和 Hebbel（2007）以及 Goncalves 和 Salles（2008）等相关文献一样，将韩国视为新兴市场国家。

4. 印度尼西亚和土耳其分别于 2005 年 7 月和 2006 年 1 月采用了通货膨胀目标制。但因为本研究样本的时间长度 1980—2007 年，所以将两国仍归类为非目标制国家。

4.2.2 样本的时间长度

本研究样本时间长度为 1980—2007 年。

首先，之所以选择 1980 年为样本时间始点，主要基于这样的考虑：
（1）20 世纪 70 年代是全球性的高通货膨胀时期，所以样本始于 1970 年
显然不合适，会使分析结果产生偏差；（2）许多新兴经济体公布的数据
始点较晚，1980 年之前的数据不可得，而从 1980 年开始的话，绝大多国
家在数据可得性方面没有问题并且有较长的时间序列长度①；（3）如表
4 - 1 所示，通货膨胀目标制国家的平均采用时期为 20 世纪 90 年代中期，
样本时间设定为 1980—2007 年的话，则该政策的"采用前"与"采用
后"两时间段长度大致相等，这样适宜于政策效果的比较分析。

至于样本的终点选择为 2007 年，则是出于排除 2008 年开始席卷全
球的金融危机对分析结果可能产生偏差影响的考虑［如 Salem 和 Diedm
（2012）］。不过，我们同时还作样本终点延期至 2012 年（样本长度为
1980—2012 年）的另行设定并展开相同研究，以检验研究结论的稳健
性；研究结果列示于本章正文之后的"附录 4 - 2"。

4.2.3 变量的设定

本研究的目的在于检验并比较通货膨胀目标制影响一国宏观经济的
政策效果。由于通货膨胀和产出最能刻画和概括反映一国宏观经济的运
行态势，所以我们选择"通货膨胀率、GDP 成长率及其各自的波动
（以标准差来反映）"② 四个变量作为分析指标。

---

① 只是捷克等少数国家的数据始点晚于 1980 年。
② 以 CPI 物价指数算出年化通货膨胀率。

数据来源于基金组织（IMF）的国际金融数据库（IFS）（International Financial Statistics）和经济学人集团（EIU）的数据库（Country Data）。

4.3 "非对称性"的验证——DID 方法的运用

4.3.1 通货膨胀目标制采用之前、后宏观经济的比较

表 4-2、表 4-3 显示了上述四个变量在通货膨胀目标制采用之前、后的变化情况。具体处理方法为：对通货膨胀目标制国家而言，以各自的采用时期为切割点将 1980—2007 年的样本区间分为"采用前"、"采用后"两个子区间，然后计算两个子区间的平均值；对照国则以表 4-1 所示的"平均采用时间"为切割点同样分割为"前"、"后"两个子区间并计算各自的平均值。

表 4-2　　　　通货膨胀目标制之前后的通货膨胀率及其波动　　　　单位：%

通货膨胀目标制国家	通货膨胀率		波动幅度		对照国	通货膨胀率		波动幅度	
	采用前	采用后	采用前	采用后		采用前	采用后	采用前	采用后
澳大利亚	7.25	2.63	3.15	1.45	奥地利	3.75	1.84	1.66	0.70
加拿大	6.36	2.10	3.10	1.22	比利时	4.31	1.87	2.53	0.64
新西兰	11.89	2.33	5.12	1.44	丹麦	5.48	2.08	3.53	0.50
挪威	5.29	1.69	3.60	1.19	法国	5.99	1.58	4.24	0.58
瑞典	7.82	1.50	3.23	1.31	爱尔兰	7.37	3.18	6.39	1.47
英国	7.28	2.71	4.15	0.85	日本	2.46	-0.01	1.97	0.78
冰岛	21.11	4.63	23.16	2.17	卢森堡	4.31	2.03	2.89	0.75
瑞士	2.81	0.95	2.00	0.46	荷兰	2.86	2.18	2.17	0.81
					美国	5.04	2.62	3.09	0.74
					意大利	9.64	2.64	5.71	1.02
					希腊	18.81	4.70	4.27	2.04
					葡萄牙	15.31	3.08	7.33	0.80
					德国	3.21	1.57	1.91	0.53

续表

通货膨胀	通货膨胀率		波动幅度		对照国	通货膨胀率		波动幅度	
目标制国家	采用前	采用后	采用前	采用后		采用前	采用后	采用前	采用后
工业国家平均	8.72	2.32	5.94	1.26	工业国家平均	6.81	2.26	3.67	0.87
智利	21.59	7.46	8.12	6.52	*阿根廷	653.26	7.23	2008.03	10.37
哥伦比亚	23.18	6.60	4.52	1.66	马来西亚	3.62	2.39	2.26	1.32
*以色列	112.95	5.54	121.68	4.92	*乌拉圭	58.47	8.79	25.97	6.03
韩国	8.50	1.35	5.23	4.75	多米尼加	9.07	16.75	3.31	20.84
*墨西哥	46.66	6.49	39.63	4.12	印度尼西亚	19.73	13.08	19.19	15.44
*秘鲁	929.52	5.97	2019.92	6.49	埃及	15.13	5.24	6.05	3.32
菲律宾	11.42	4.86	10.85	2.09	科特迪瓦	6.79	2.84	6.84	1.65
南非	12.26	4.56	3.81	3.62	*厄瓜多尔	35.81	25.43	18.37	30.17
*波兰	87.92	4.00	204.04	3.22	尼日利亚	27.82	11.66	22.26	6.40
*巴西	715.31	7.16	1183.85	3.34	摩洛哥	6.50	1.78	3.65	1.16
泰国	5.35	2.54	4.40	1.56	巴基斯坦	8.87	5.61	3.22	2.37
捷克	9.10	3.35	1.12	2.95	*委内瑞拉	36.03	21.24	27.36	7.88
匈牙利	15.26	5.73	8.75	2.08	阿尔及利亚	14.96	2.76	9.56	2.19
					突尼斯	5.74	2.98	1.73	1.07
					萨尔瓦多	16.06	3.09	7.22	1.62
					中国	11.34	1.08	8.17	2.08
					*土耳其	63.25	37.39	25.76	27.02
新兴体平均1	153.77	5.05	278.15	3.64	新兴体平均1	58.38	9.96	129.35	8.29
新兴体平均2	17.04	4.77	9.60	3.26	新兴体平均2	15.53	8.28	9.94	6.96

注：1. 此处显示新兴市场国家的两个平均值："平均1"为所有对象的平均值，"平均2"为剔除平均通货膨胀率超过30%国家（国名的左上方标志＊）后所求出的平均值。

2. 印度尼西亚和土耳其两国分别于2005年和2006年采用了通货膨胀目标制，故此两国平均值的计算截止于它们采用时期的前一季度。下表4-3及第五章同。

表4-3　　通货膨胀目标制之前后的实际 GDP 年成长率及其波动　　单位：%

通货膨胀目标制国家	GDP		波动幅度		对照国	GDP		波动幅度	
	采用前	采用后	采用前	采用后		采用前	采用后	采用前	采用后
澳大利亚	2.92	3.83	2.35	0.76	奥地利	2.25	2.52	1.30	1.03
加拿大	2.78	2.78	2.44	1.82	比利时	2.00	2.36	1.61	1.50
新西兰	2.98	3.09	3.50	1.88	丹麦	1.54	2.20	2.04	1.10
挪威	3.19	2.28	1.75	1.03	法国	2.10	2.24	1.20	1.08
瑞典	1.67	3.08	1.67	1.46	爱尔兰	3.74	7.17	1.92	2.60
英国	1.99	3.03	2.45	1.02	日本	3.69	1.24	2.00	1.30
冰岛	3.02	4.61	3.09	2.72	卢森堡	6.22	5.92	3.02	3.82
瑞士	1.70	2.23	1.69	1.57	荷兰	2.17	2.88	1.70	1.47
					美国	2.83	3.12	2.26	1.16
					意大利	2.16	1.65	1.32	1.01
					希腊	0.80	3.84	2.09	1.10
					葡萄牙	2.54	2.57	2.30	2.23
					德国	2.73	1.70	3.39	1.29
工业国家平均	2.53	3.12	2.37	1.53	工业国家平均	2.68	3.03	2.01	1.59
智利	3.71	5.65	7.05	3.02	阿根廷	1.87	2.85	5.61	7.26
哥伦比亚	3.53	3.38	1.59	3.37	马来西亚	7.36	4.38	3.07	4.60
以色列	3.72	4.45	1.81	2.52	乌拉圭	2.40	1.30	4.85	5.02
韩国	7.59	4.55	2.97	4.68	多米尼加	6.29	2.03	1.98	6.31
墨西哥	2.77	3.14	3.89	2.11	印度尼西亚	4.17	5.53	4.12	3.59
秘鲁	0.55	5.12	7.44	3.79	埃及	4.86	5.14	1.82	1.67
菲律宾	2.49	5.33	3.73	1.17	科特迪瓦	2.31	1.43	3.46	2.33
南非	1.81	4.31	2.56	1.14	厄瓜多尔	2.74	3.34	3.44	3.49
波兰	2.27	4.14	6.83	1.91	尼日利亚	2.56	7.99	4.98	8.81
巴西	2.77	3.18	3.61	2.04	摩洛哥	3.27	4.52	5.78	2.68
泰国	6.27	5.05	5.12	1.43	巴基斯坦	5.54	4.74	2.15	1.96
捷克	0.85	3.59	7.16	2.43	委内瑞拉	1.82	3.20	4.73	8.89
匈牙利	1.03	3.55	3.75	1.56	阿尔及利亚	2.04	4.00	2.71	1.62
					突尼斯	4.09	4.73	2.72	1.39
					萨尔瓦多	3.12	2.88	7.18	0.90
					中国	10.11	9.95	3.39	2.18
					土耳其	4.52	3.77	3.96	5.48
新兴体平均	3.03	4.26	4.42	2.40	新兴体平均	4.06	4.22	3.88	4.01

综合以上表4－2、表4－3可以看到，通货膨胀目标制国家（无论是工业国家或新兴经济体）在其"采用之后"均显示出宏观经济的良好转变：通货膨胀水平大幅下降、GDP成长率上升，同时它们的波动都缩小了。但是，由于作为对照组的非目标制国家也呈现出相似的表现，所以我们无法就此判断通货膨胀目标制与其宏观经济良好转变之间的因果关系。众所周知，20世纪90年代以来至2008年金融危机前，世界经济总体上呈现出"通货膨胀低而稳定、产出改善、经济震荡缩小"的良好态势，因此，通货膨胀目标制这一货币政策对目标制国家宏观经济的良好转变是否具有积极的政策效应，我们无法简单地作出结论而需进行更细致深入的分析。以下采用DID方法并结合Bootstrap检验对此展开分析。

4.3.2 DID 方法

检验某一政策的效果，最理想的方法莫过于通过"实验"来评估。比如，为了测定某种新药的药效，可以将新药和旧药随机地配给同质患者，然后通过对比两组患者间反应的差异来检验此新药的药效。社会科学领域当然不可能进行这样的"实验"，但基于这样的思路，利用某一政策的对象者（Treatment Group）和作为对照组的非对象者（Control Group）在该政策实施之前、之后的相关信息，对式（4.1）进行回归分析来测定此政策的效果，这样的手段即DID方法。它广泛地运用于社会科学领域的政策效果之检验。

$$\Delta Y_i = c + a_1 D_i + \sum a_j X_{ji} + u_i \qquad (4.1)$$

其中，Y为我们所要观察分析的某一对象；ΔY_i即为其在该政策实施前、后之差；D为虚拟变量：该政策的对象者设定为1、对照组成员为0；

$\sum X_j$ 为其他的说明变量;u_i 为误差项。

显然,系数 a_1 反映的正是我们所想检验的政策效果。

Ball 和 Sheridan(2005)将此 DID 方法运用到了对通货膨胀目标制的宏观经济效果的检验,其具体的 DID 回归模型为

$$X_{post} - X_{pre} = c + a_1 D + a_2 X_{pre} + e \qquad (4.2)①$$

X 为我们所要分析的某一宏观经济变量(比如,通货膨胀率、产出增长率),X_{pre} 和 X_{post} 分别表示一国在通货膨胀目标制之前、之后的 X 值 $\left[X_{post} - X_{pre} \right.$,即式(4.1)的因变量 ΔY_i];D 为虚拟变量,通货膨胀目标制国家取值为 1,反之为 0;e 为误差项。

Mishkin 和 Hebbel(2007)、Goncalves 和 Salles(2008)、Salem 和 Didem(2012)等许多学者的研究中也使用了式(4.2)所示的 DID 方法。

4.3.3 基于 DID 方法的验证

笔者使用表 4-2、表 4-3 的相关数据,沿用上述 Ball 和 Sheridan(2005)所采用的 DID 方法展开分析。分析思路是:由于本章的研究目的在于检验通货膨胀目标制宏观经济的政策效应在工业国家与新兴市场国家之间是否存在"非对称性",因此将样本分为"工业国家"和"新兴市场国家"两个部分,分别展开 DID 分析后比较通货膨胀目标制在此两组国家间的政策效果,以验证这一"非对称性"是否确实存在 [需要说明的是,笔者将通过 Bootstrap 方法对回归模型参数的显著性进行统计推断,这可以说是对 Ball 和 Sheridan(2005)的一处修正和拓展。我们知道,对回归模型进行参数显著性检验的重要前提是假设误差

---

① 式(4.2)的推导请见"附录 4-1"。

项为白噪声，但在小样本情况下，OLS 回归难以满足此假设，所以存在显著性检验结果的不可信问题。Ball 和 Sheridan（2005）对一个仅有 20 个观察点的小样本进行 OLS 回归后，便根据 t 检验进行显著性统计推断，这显然会引发人们对其结论稳健性的质疑。对此，我们将通过 Bootstrap 方法加以修正和拓展[①]。

第一，我们分析通货膨胀目标制对通货膨胀的改善这一现象是否具有"积极贡献"。利用表 4 - 2 中的数据，按照上述分析思路和手段进行分析后的结果如表 4 - 4 所示。

我们看到，通货膨胀目标制在新兴市场国家对通货膨胀率的下降以及通货膨胀波动的缩小发挥出了显著的政策效果（总体而言通货膨胀目标制促使了新兴市场国家约 5.08% 的通货膨胀率下降和 4.83% 的通货膨胀波动的缩小），但在工业国家却无法得出在统计上具有显著意义的相应结论。[②]

表 4 - 4　　　　　　　　通货膨胀改善的政策效应检验

因变量 ($X_{post} - X_{pre}$)	研究对象	回归结果		基于 Bootstrap 的显著性检验	
		变量	系数	t - 值	P - 值
通货膨胀率之差	工业国家	C	1.04	3.7894	0.0015
		X_{pre}	- 0.82	- 28.4229	0.0000
		D	- 0.28	- 1.1615	0.2615
	新兴经济体	C	9.84	3.8644	0.0007
		X_{pre}	- 0.99	- 24.4722	0.0000
		D^*	- 5.08	- 2.0330	0.0524

① Bootstrap 方法，是对来自总体分布规律未知的原始小样本的观测数据进行重复多次的有放回的再抽样，得到大量的新的样本及相应的统计量，用大量的样本来估计总体的分布规律，从而完成统计推断。Bootstrap 方法在本书的运用说明请见文后的"附录 4 - 2"，此处只报告基于 Bootstrap 方法推断的结果。

② 为检验研究结论的稳健性，我们将通货膨胀率平均值超过30%的以色列等国从样本中剔除后再次进行了 DID 回归分析，回归结果显示本结论不变。

续表

因变量 ($X_{post} - X_{pre}$)	研究对象	回归结果		基于 Bootstrap 的显著性检验	
		变量	系数	t - 值	P - 值
通货膨胀波动之差	工业国家	C	0.65	3.9385	0.0011
		X_{pre}	-0.94	-20.6717	0.0000
		D	0.25	1.5239	0.1459
	新兴经济体	C	8.12	3.5126	0.0016
		X_{pre}	-0.99	-45.5712	0.0000
		D^{**}	-4.83	-2.1419	0.0417

注：变量 D 右上方的 *、* *、分别表示在 10%、5% 的统计有意水平上显著。

第二，我们转而分析通货膨胀目标制影响产出的政策效应。观察表 4-3 相关数据我们可以发现，无论是通货膨胀目标制国家还是作为对照组的非目标制国家，"采用后"均呈现 GDP 成长率上升、波动幅度下降的态势，因此通货膨胀目标制的政策效果我们必须同样作进一步的检验。表 4-5 为按照与上完全相同的方法展开分析后的结果。

表 4-5　　　　产出水平提高、波动降低的政策效应检验

因变量 ($X_{post} - X_{pre}$)	研究对象	回归结果		基于 Bootstrap 的显著性检验	
		变量	系数	t - 值	P - 值
产出水平之差	工业国家	C	1.3	1.3091	0.2079
		X_{pre}	-0.35	-0.8017	0.4338
		D	0.18	0.3510	0.7299
	新兴经济体	C	2.57	3.7351	0.0009
		X_{pre}	-0.60	-4.2931	0.0002
		D	0.49	0.8015	0.4298
产出波动之差	工业国家	C	0.44	0.8383	0.4135
		X_{pre}	-0.43	-1.3487	0.1951
		D	-0.26	-0.7755	0.4487
	新兴经济体	C	3.28	3.6425	0.0012
		X_{pre}	-0.81	-3.4349	0.0020
		D^{**}	-1.72	-2.3366	0.0274

注：变量 D 右上方的 * *，表示在 5% 的统计有意水平上显著。

表 4 - 5 显示，对工业国家而言，依然缺乏在统计上具有显著意义的任何证据来表明通货膨胀目标制能够改善一国的产出水平和缩小产出的波动幅度。而在新兴经济体，虽然缺乏足够证据显示它对产出水平的提高具有积极的政策效果，但它在降低产出波动幅度方面具有积极的作用（总体而言缩小了约 1.72% 的产出波动）。

综合以上检验结果，我们可以看到，对新兴市场国家而言通货膨胀目标制对一国宏观经济表现的改善具有积极的政策效果，但在工业国家却缺乏在统计上具有显著意义的足够证据来证实这一点①。由此，我们显然可以得出这样的明确结论：通货膨胀目标制的宏观经济效应在工业国家与新兴市场国家之间确实存在"非对称性"。

4.4　本章小结

有关通货膨胀目标制的各项研究中，关于其宏观经济效应的分析始终是主要的焦点。这一方面的相关研究显示其在工业国家与新兴市场国家之间似乎存在"非对称性"：通货膨胀目标制在新兴经济体对一国宏观经济的改善具有积极的政策效果，但在工业国家却没有足够的证据证明这一点。本章的目的，在于验证此"非对称性"是否确实存在。

本章以 2003 年前采用通货膨胀目标制的 21 个国家（含工业国家及新兴市场国家）为考察对象，并基于具有较好客观可比性的原则选择 31 个非目标制国家作为对照组成员，以"通货膨胀率、GDP 成长率及其各自的波动"四个变量作为刻画一国宏观经济运行态势的代表性指标，沿用 Ball 和 Sheridan（2005）的 DID 方法并结合 Bootstrap 方法检验

---

①　如第 2 章所述，学界对于瑞士是否应归类为通货膨胀目标制国家并未取得共识。对此，笔者将瑞士划分为对照组（非通货膨胀目标制国家）后进行了研究结论的稳健性检验，结果显示本研究结论不变。

对通货膨胀目标制在工业国家及新兴市场国家的宏观经济政策效应展开实证研究和比较分析，以验证这一"非对称性"是否确实成立。

本章的研究结果显示，对于新兴经济体而言，通货膨胀目标制对一国通货膨胀及其波动幅度的下降以及产出波动的缩小皆具有积极的政策效果，但在工业国家却缺乏在统计上具有显著意义的证据来证实它对一国宏观经济表现的改善具有作用。

因此，本章的研究结论认为，通货膨胀目标制的宏观经济效应在工业国家与新兴市场国家之间确实存在"非对称性"。

附录4-1：Ball 和 Sheridan（2005）的 DID 回归模型的推导

Ball 和 Sheridan（2005）按照以下步骤，推导出式（4.2）的 DID 回归模型。

X 为我们所要分析的某一国家的某一宏观经济变量（比如，通货膨胀率、产出增长率），它如下式决定：

$$X = k + \mu + \eta + \alpha_1 Q + \nu$$

其中，k 为常数项；μ 为该国的国家特定效应（a country – specific effect）；η 为时期特定效应（a period – specific effect）；Q 为虚拟变量，采用通货膨胀目标制的话就取值为 1，反之为 0；ν 是误差项。

因为要通过对比 X 在通货膨胀目标制采用前后的变化来检验这一政策的效果，所以求差异等式如下（注：下标 pre 和 $post$ 分别表示"采用之前"、"采用后"）：

$$X_{post} - X_{pre} = (\mu_{post} - \mu_{pre}) + (\eta_{post} - \eta_{pre}) + \alpha_1(Q_{post} - Q_{pre}) + (\nu_{post} - \nu_{pre})$$

$$= (\eta_{post} - \eta_{pre}) + \alpha_1(Q_{post} - Q_{pre}) + (\nu_{post} - \nu_{pre})$$

$(\eta_{post} - \eta_{pre})$ 为常数项，$(Q_{post} - Q_{pre})$ 仍是虚拟变量，我们分别用符号 c、D 置换；这样，上式变换为

$$X_{post} - X_{pre} = = c + \alpha_1 D + (\nu_{post} - \nu_{pre})$$

Ball 和 Sheridan（2005）认为，通货膨胀目标制的采用与否往往同一国的初始经济表现有关（宏观经济表现越是不理想的国家越有可能采用这一政策制度，从而存在"选择性偏差"问题），即 ν_{pre} 与 D 相关。这样推定出来的回归系数 a_1 很有可能是偏误的，政策效果会被过大评价。对此，可以用一个简单的方法来减少这一偏差：加入一控制变量 X_{pre}；因为，ν_{pre} 与 D 的相关性要通过 ν_{pre} 对 X_{pre} 的影响才能有效，当回归中的 X_{pre} 被控制时，误差项与 D 之间不再存在相关性。于是，方程式变化为

$$X_{post} - X_{pre} = = c + \alpha_1 D + a_2 X_{pre} + (\nu_{post} - \nu_{pre})$$

最后，我们将误差项（$\nu_{post} - \nu_{pre}$）置换为符号 e，这样就得到了式（4.3）：

$$X_{post} - X_{pre} = c + a_1 D + a_2 X_{pre} + e \qquad (4.3)$$

附录 4 – 2：基于 Bootstrap 方法的参数显著性检验的说明

Bootstrap 方法最早由 Efron（1979）提出，它是一种从原始样本中重复地随机抽取与原始样本集同容量的样本，构成所谓 Bootstrap 样本，并以此估计各种统计量，对总体的分布特性进行统计推断（其核心是利用 Bootstrap 样本来估计未知概率测度的某种统计量的统计特性）。经过 30 多年的发展，该方法在理论和应用上不断提升，目前广泛应用于金融、医学、心理学等许多研究领域。

基于上述的 Bootstrap 方法，本文进行参数显著性检验的步骤如下：

（1）利用原始样本数据，按照公式（4.3）对模型进行 OLS 回归，得到参数估计值 $\hat{\beta}_j (j = 1, 2)$。

（2）从原始样本中有放回地、随机抽取一个与原始样本同容量的样本（在这个随机抽样中，原始数据中的样本有的只被抽到 1 次，有的超过 1 次或没有被抽到），称为 Bootstrap 样本。然后，对此 Bootstrap 样本也按照公式（4.3）进行 OLS 模型回归，得到参数估计值 $\hat{\beta}_j^B$ $(j = 1,2)$。

（3）重复上述步骤（2）B 次（本研究为 5000 次），构成一个新的数据集 $\hat{\beta}_{Kj}^B(j = 1,2; K = 1,2,\cdots,B)$，并计算其标准差 $se_j^B(j = 1,2)$。

（4）计算 t 统计量（$t_j = \dfrac{\hat{\beta}_j}{se_j^B}$，$j = 1，2$）和分布概率 p，对参数的显著性进行统计推断。

附录 4-3：样本长度为 1980—2012 年的研究结果

如本章正文所述，出于排除 2008 年开始席卷全球的金融危机对分析结果可能产生偏差的影响的考虑，本研究样本的终点选择为 2007 年。但同时，我们在章后的"附录"，再作样本终点延期至 2012 年（即样本长度为 1980—2012 年）的另行设定，并按照与正文完全相同的方法展开分析，以检验研究结论的稳健性。

研究结果如表 4-6、表 4-7 所示。我们发现结论与正文相同，即通货膨胀目标制在新兴市场国家对一国通货膨胀及其波动幅度的下降以及产出波动的缩小皆有积极的政策效果（总体而言，通货膨胀目标制促使了 5.26% 的通货膨胀率下降和 6.20% 的通货膨胀波动的缩小，以及 1.23% 的产出波动的降低），但在工业国家却缺乏足够的证据来证实它对一国宏观经济表现的改善有任何的作用。因此，笔者认为，即便考虑了席卷全球经济的这一场金融危机的"冲击"，通货膨胀目标制宏观经济效应在工业国家与新兴市场国家之间的 "非对称性" 依然存在。

表 4 – 6　　通货膨胀改善的政策效应检验 （样本 1980—2012 年）

因变量 ($X_{post} - X_{pre}$)	研究对象	回归结果		基于 Bootstrap 的显著性检验	
		变量	系数	t – 值	P – 值
通货膨胀率之差	工业国家	C	1.03	1.5947	0.1191
		X_{pre}	– 0.69	– 13.06935	0.0000
		D	– 0.87	– 1.2727	0.2108
	新兴经济体	C	9.91	5.4561	0.0000
		X_{pre}	– 0.99	– 16.4971	0.0000
		D^*	– 5.26	– 1.8996	0.0682
通货膨胀波动之差	工业国家	C	0.65	4.4285	0.0004
		X_{pre}	– 0.87	38.4304	0.0000
		D	0.11	0.5003	0.6233
	新兴经济体	C	9.12	5.1557	0.0000
		X_{pre}	– 0.99	– 40.0841	0.0000
		D^{**}	– 6.20	– 2.3217	0.0280

注：变量 D 右上方的 * 、 * * 、分别表示在 10% 、5% 的统计有意水平上显著。

表 4 – 7　　产出水平提高、波动降低的政策效应检验 （样本 1980—2012 年）

因变量 ($X_{post} - X_{pre}$)	研究对象	回归结果		基于 Bootstrap 的显著性检验	
		变量	系数	t – 值	P – 值
产出水平之差	工业国家	C	0.90	1.6835	0.1095
		X_{pre}	– 0.50	– 2.8797	0.0100
		D	0.21	0.5193	0.6098
	新兴经济体	C	2.98	5.0027	0.0000
		X_{pre}	– 0.68	– 5.5952	0.0000
		D	– 0.07	– 0.1214	0.9042

续表

因变量 ($X_{post} - X_{pre}$)	研究对象	回归结果		基于 Bootstrap 的显著性检验	
		变量	系数	t-值	P-值
产出波动之差	工业国家	C	2.98	5.0027	0.0000
		X_{pre}	-0.68	-5.5952	0.0000
		D	-0.07	-0.1214	0.9042
	新兴经济体	C	3.35	4.3787	0.0001
		X_{pre}	-0.85	-6.5856	0.0000
		D^*	-1.23	-1.8287	0.0777

注：变量 D 右上方的 * 表示在 10% 的统计有意水平上显著。

第 5 章
通货膨胀目标制稳定通货膨胀预期了吗?
——"非对称性"的直接原因分析

第 4 章的实证研究已表明,通货膨胀目标制的宏观经济政策效应在工业国家与新兴市场国家之间确实存在"非对称性"。那么,随后必然有一个问题接踵而至:原因何在?

Bernanke 等 (1999)、Svensson (2010) 等研究者普遍认为,通货膨胀目标制的"中心思想"在于引导和稳定通货膨胀预期。① 那么,其宏观经济政策效应"非对称性"的原因是否与此有关联呢? 本章在对"通货膨胀目标制是否稳定了通货膨胀预期"这一政策命题进行实证研究之后,依据研究结论探讨"非对称性"的原因所在。

5.1 文献回顾及问题的提出

如前所述,20 世纪 90 年代以来,采用通货膨胀目标制的国家在不断增加。国际货币政策领域的这一重大变化,引人注目、催人思考,全球经济学家和中央银行家们从各个不同角度对它进行了持续的研究和探

---

① 但已有相关实证研究观点各异,结论并不一致。

讨。其中，关于通货膨胀目标制的"中心思想"，推崇者们普遍认为，这一政策框架的中心思想在于引导和稳定通货膨胀预期［如 Svensson (2010)、Bernanke 等 (1999)、伊藤 (2013) 等］，即通过对通货膨胀目标值这一"名义锚"的公开设定，在有利于增强货币政策的公信力和减轻"时间不一致"问题的同时，使人们对未来的通货膨胀形成一种比较稳定的预期。现代经济理论和实践已表明，通货膨胀预期的稳定机制可以给一国宏观经济带来莫大的好处：通货膨胀惯性下降，中央银行控制通货膨胀的能力增强，长期利率的稳定性和可预测性上升带来投资决策效率的提高，通货膨胀冲击对工资和价格的影响程度下降，产出波动下降和生产率提高等。因此，可以说稳定通货膨胀预期是通货膨胀目标制政策传导途径中的中心环节。

那么，这一方面的经验证据如何呢？许多经济学家对此展开了实证分析，但研究结论并不一致。比如，Gurkaynak 等 (2010) 使用美国、英国和瑞典的债券收益率日历史数据，以动态随机一般均衡模型（DSGE）的冲击反应函数为基准进行模拟后发现，英国、瑞典两国（均为通货膨胀目标制国家）的远期通货膨胀溢价（Inflation Premium，以远期名义利率与物价指数化债券利率的差额来衡量）对经济消息的变化几乎没有什么反应，但美国（非通货膨胀目标制国家）的远期通货膨胀溢价却对此非常敏感；这表明通货膨胀目标制国家的瑞典和英国能够更为稳固地锁定长期通货膨胀预期。Levin 等 (2004) 以韩国、南非等 5 个采用通货膨胀目标制的新兴市场国家为对象研究后发现，面对实际通货膨胀率的短期大幅上升，6～10 年的中长期预期通货膨胀率却基本没有上升；因此他们同样主张通货膨胀目标制稳定了中长期通货膨胀预期。张晶和刘雪静 (2011) 运用扩展的双重差分估计模型对英国、韩国等 5 国进行检验后认为，通货膨胀目标制国家所公布的通货膨胀目标值对现期通货膨胀率具有显著的影响，从而有利于管理和稳定通货膨胀预期。

但另一方面，不同观点的研究文献也为数不少。比如，Ball 和 Sheridan（2005）以加拿大等 7 个通货膨胀目标制国家为对象，同时以美国等 11 个非通货膨胀目标制国家为对照组，运用时间序列的 AR（4）模型测算并对比分析这两组国家的通货膨胀惯性，其研究结果显示两组国家的通货膨胀惯性都呈现下降趋势、所以无法表明这一货币政策稳定了通货膨胀预期。Carlos 和 Manuel（2010）使用一组包含 25 国（其中，11 国为通货膨胀目标制国家，其余为对照组国家）、时间长度为 16 年的月度面板数据测算了各国长期通货膨胀预期的离散（Dispersion），发现仅有新兴市场国家在采用通货膨胀目标制之后其长期通货膨胀预期离散的缩小和稳定在统计上具有显著意义，这表明只有在新兴市场国家通货膨胀目标制才具有这一政策效果。

综上，已有相关研究无疑具有积极意义并取得了一些有价值的观点和结论，但同时我们认为也存在以下两点主要问题：（1）研究对象仅为部分甚至少数几个通货膨胀目标制国家，令人对其研究结论的普遍适用性（研究结论能否适用于其他通货膨胀目标制国家）产生质疑。（2）部分研究缺乏比较分析，因此其研究结论难以令人信服；比如，上述的 Levin 等（2004）以韩国等 5 个采用通货膨胀目标制的新兴市场国家为对象研究后发现，它们的长期通货膨胀预期不受实际通货膨胀率的短期影响，从而得出通货膨胀目标制稳定了通货膨胀预期的这一结论；那么，这一现象在非通货膨胀目标制国家是否同样能观察到呢？如果是，那么如此结论就显然有些仓促草率、难以令人信服，而应作进一步的分析。

针对以上问题，本章以采用通货膨胀目标制的全部国家为考察对象，并运用第 4 章的 DID 方法展开量化比较分析，来检验通货膨胀目标制是否稳定了通货膨胀预期这一政策命题。依据实证研究结论分析其宏观经济政策效应"非对称性"的原因所在。

5.2 通货膨胀预期及其波动的测度

本节在对 UC – SV 模型以及 Mishkin（2007）的相应研究进行阐释和简要说明后，应用 UC – SV 模型定量测度本研究样本 51 国的通货膨胀预期及其波动，为检验"通货膨胀目标制是否稳定了通货膨胀预期"这一政策命题做好数据准备。

5.2.1 UC – SV 模型的阐释

众所周知，通货膨胀率、汇率等金融资产价格的时间序列通常具有异方差性，在折线图上表现出簇状（波动聚集性），即一个大的波动可能会引起更大的波动。对此，Engle（1982）提出了自回归条件异方差模型（Autoregressive Conditional Heteroscedastic Model，ARCH），为解决这一问题开创了新途径。Stock 和 Watson（2007）、Mishkin（2007）等应用这一方法发展了一个包含两个 ARCH（1）过程的 UC – SV 模型（Unobserved Components – Stochastic Volatility Model，UC – SV 模型），把某一时点 t 的通货膨胀率 π_t 分解为通货膨胀趋势（Inflation Trend）和随机游走扰动项两个成分（某时点 t 的通货膨胀率等于此两项的合计），用数学方程式描述如下：

$$\pi_t = \tau_t + \eta_t, \eta_t = \sigma_{\eta,t}\zeta_{\eta,t} \tag{5.1}$$

$$\tau_t = \tau_{t-1} + \varepsilon_t, \varepsilon_t = \sigma_{\varepsilon,t}\zeta_{\varepsilon,t} \tag{5.2}$$

$$\ln\sigma_{\eta,t}^2 = \ln\sigma_{\eta,t-1}^2 + \nu_{\eta,t} \tag{5.3}$$

$$\ln\sigma_{\varepsilon,t}^2 = \ln_{\varepsilon,t-1}^2 + \nu_{\varepsilon,t} \tag{5.4}$$

其中，π_t 为通货膨胀率；τ_t 为通货膨胀趋势；η_t 为随机扰动项；$\sigma_{\eta,t}$ 及 $\sigma_{\varepsilon,t}$ 为回归模型的条件方差，$\zeta_t = (\zeta_{\eta,t}, \zeta_{\varepsilon,t}) \sim i.i.d. \ N(0,1)$，$\nu_t = (\nu_{\eta,t},$

$\nu_{\varepsilon,t}) \sim i.i.d. N(0,\gamma)$；$\gamma$ 是标量系数（Scalar Parameter）、Stock 和 Watson（2007）和 Mishkin（2007）设定为 0.2。

可见，上述的 UC – SV 模型其实包括了两个 ARCH（1）过程：趋势项 τ_t 涉及一个 ARCH 过程式（5.2）和式（5.4），然后通货膨胀率再涉及一个 ARCH 过程式（5.3）和式（5.1），从而较好地刻画出了通货膨胀率的"簇状"现象和通货膨胀的动态变化。而其中的 $\sigma_{\varepsilon,t}$ 则为反映通货膨胀预期的波动（从另一方面看，即反映了通货膨胀预期的稳定性程度）的变量。

Mishkin（2007）应用上述 UC – SV 模型对美国 1960—2005 年的通货膨胀动态变化展开了分析（见图 5 – 1）。通货膨胀趋势可以视作通货膨胀预期，如 A 图所示，20 世纪 70 年代初至 80 年代中期美国高通货膨胀时期往往伴随着高的通货膨胀预期（趋势），并且通货膨胀预期（趋势）波动大、不稳定（B 图所示）；而 80 年代中期之后，由于美国联邦储备当局的货币政策态势更为重视物价的稳定，这在一定程度上给通货膨胀预期的形成提供了一个"名义锚"，从而通货膨胀预期下降、其波动缩小，实际通货膨胀率也相应地逐渐降低。

5.2.2 各国通货膨胀预期及其波动的测度：UC – SV 模型的应用

以上的 UC – SV 模型为我们提供了一个定量测度通货膨胀预期及其波动的良好手段[1]。本节应用此 UC – SV 模型，如同 Mishkin（2007）那

---

① 通货膨胀趋势可作为度量通货膨胀预期的指标，这在经济学界已被广泛认可［比如，Gürkaynak 等（2010）、Stock 和 Watson（2007）、Mishkin（2007）等也是如此］。以下，本章直接使用"通货膨胀预期"这一表述。

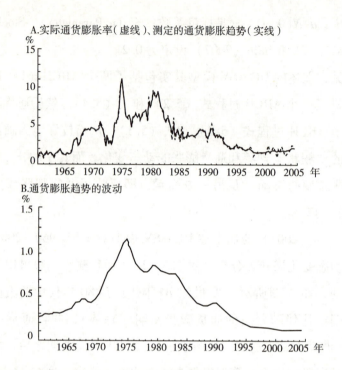

A.实际通货膨胀率(虚线)、测定的通货膨胀趋势(实线)

B.通货膨胀趋势的波动

注：B 图曲线对应的变量为上述 UC－SV 模型中的 $\sigma_{\varepsilon,t}$ 。

资料来源：Mishkin（2007）.

图 5－1　美国的通货膨胀趋势及其波动

样对本研究样本 51 国各国的通货膨胀预期及其波动进行测度[1]，并比较通货膨胀预期的波动（从另一方面来讲，也就是通货膨胀预期的稳定性程度）在通货膨胀目标制采用之前后的变化，为检验"通货膨胀目标制是否稳定了通货膨胀预期"这一政策命题做好数据准备。

首先，我们以通货膨胀目标制的"先驱者"——新西兰为对象，应用

---

[1]　本章的研究样本及时间长度与第 4 章相同，即 21 个通货膨胀目标制国家及 30 个对照组国家，样本时间长度为 1980—2007 年。并且与第 4 章一样，我们还同时作样本长度为 1980—2012 年的另行设定并展开相同研究，以检验研究结论的稳健性；此研究结果列示于本章正文之后的"附录 5－3"。此外，分析变量为 CPI 指数，数据来源于 IMF 的 IFS 数据库。

UC – SV 模型对其通货膨胀预期及其波动进行测度（见图 5 – 2)①。图 5 – 2 清晰地显示，20 世纪 90 年代初之后，伴随着通货膨胀预期的急速下降（A 图），通货膨胀预期的波动大幅缩小、通货膨胀预期稳定性增强（B 图）。

A.实际通货膨胀率（虚线）、测定的通货膨胀预期（实线）

B.通货膨胀预期的波动

图 5 – 2　新西兰的通货膨胀预期及其波动

　　之后，重复同样方法测度其他 50 国各自的通货膨胀预期及其波动。基于本章正文页面结构简洁美观的考虑，各国通货膨胀预期的测度结果（A 图）汇总于章后的"附录 5 – 1"；各国通货膨胀预期波动的测度结果（B 图）也同样不一一显示，而是直接做如下处理：以各国通货膨胀

---

　　① 本研究采用 MCMC 方法（Markov Chain Monte Carlo）进行 UC – SV 模型估计，其程序列示于"附录 5 – 2"。

目标制的采用时间为分隔点①，将 1980—2007 年的样本区间分割为
"采用前""采用后"两阶段，然后计算各国在此两阶段通货膨胀预期
波动的平均值（见表 5-1），这样直观地反映出通货膨胀预期波动（从
另一方面来讲，也即通货膨胀预期的稳定性程度）在通货膨胀目标制
采用前后的变化情况。

表 5-1　　　　　　　通货膨胀预期波动的平均值　　　　　　单位：%

目标制国家	采用前	采用后	对照组 （非目标制国家）	采用前	采用后
新西兰	0.8886	0.7963	奥地利	0.4708	0.4195
加拿大	1.1079	0.3833	比利时	0.4621	0.2607
英国	3.4185	0.7627	丹麦	0.5404	0.3453
瑞典	0.7193	0.4294	法国	0.9643	0.2421
澳大利亚	1.0893	0.5174	爱尔兰	0.9191	0.5696
瑞士	0.8239	0.5162	日本	0.4800	0.3882
冰岛	5.1805	2.1980	卢森堡	0.7444	0.2993
挪威	0.5302	0.3286	荷兰	0.5617	0.2699
			美国	0.5809	0.3117
			意大利	1.8158	0.3682
			希腊	1.3019	1.1639
			葡萄牙	1.0860	0.5867
			德国	0.5005	0.4239
工业国家平均	1.72	0.74	工业国家平均	0.80	0.43
智利	1.4006	1.1045	阿根廷#	41.3358	7.2117
以色列	8.7509	2.1010	马来西亚	0.5393	0.4153
秘鲁#	31.6163	5.8563	乌拉圭	5.3649	3.1548
捷克	0.8161	0.7858	多米尼加	9.3619	6.6750
韩国	1.6238	1.5978	印度尼西亚	1.4576	2.4215
波兰	17.4910	2.7917	埃及	1.3321	1.4867
巴西#	34.5319	4.2308	科特迪瓦	1.3176	1.0469
墨西哥	9.7058	1.5464	厄瓜多尔	6.9406	6.8201
哥伦比亚	1.0885	1.0570	尼日利亚	4.7003	3.1229
南非	1.2125	2.3681	摩洛哥	0.7672	0.6131

---

① 通货膨胀目标制国家及其对照组国家的分隔点，请参见表 4-1。

续表

目标制国家	采用前	采用后	对照组 （非目标制国家）	采用前	采用后
泰国	0.8623	0.5890	巴基斯坦	0.8614	0.9526
匈牙利	1.5266	1.4235	委内瑞拉	8.3979	3.6615
菲律宾	4.4197	1.3430	阿尔及利亚	2.4161	2.0618
			突尼斯	0.3677	0.3171
			萨尔瓦多	1.5442	0.8250
			中国	3.8646	1.0685
			土耳其	3.1111	3.9628
新兴体平均 1	8.85	2.06	新兴体平均 1	5.51	2.70
新兴体平均 2	4.42	1.52	新兴体平均 2	3.27	2.41
全体平均值 1	6.13	1.57	全体平均值 1	3.47	1.72
全体平均值 2	3.30	1.19	全体平均值 2	2.16	1.53

注：1. 此处显示两个平均值："平均 1"为所有对象的平均值，"平均 2"为剔除波动幅度超过 30% 的三国家（国名的右上方标志#）后所求出的平均值。

2. 如第 4 章所述，印度尼西亚和土耳其两国分别于 2005 年和 2006 年采用了通货膨胀目标制，故此两国平均值的计算截至它们采用时期的前一季度。

表 5-1 显示，各通货膨胀目标制国家在其"采用之后"均表现出通货膨胀预期波动的缩小，总体平均值从 6.13% 大幅下降至 1.57%（即使除去秘鲁、巴西这两个"异常值"，总体平均值也从 3.30% 下降至 1.19%），通货膨胀预期的稳定性增强；但是，相似的表现在对照组也同样能观察到，除印度尼西亚、土耳其和巴基斯坦外，其他非目标制国家的通货膨胀预期波动亦有或大或小的缩小，总体平均值也有一定幅度的下降。所以，我们无法就此简单地作出通货膨胀目标制是否发挥了稳定通货膨胀预期作用的结论（虽然目标制国家通货膨胀预期稳定性的增强幅度大大高于对照组），而应做进一步的深入分析。以下采用第 4 章所运用的 DID 方法对此展开分析。

5.3 基于 DID 方法的检验

如上所述,"采用后"时期无论是通货膨胀目标制国家还是对照组国家,都呈现出通货膨胀预期波动的缩小(通货膨胀预期的稳定性增强)。那么,对通货膨胀目标制国家而言,这一现象中是否含有通货膨胀目标制稳定通货膨胀预期的这一政策效果呢?对此,本节与第 4 章一样,沿用 Ball 和 Sheridan(2005)的 DID 方法并结合 Bootstrap 检验对"通货膨胀目标制是否稳定了通货膨胀预期"这一政策命题进行实证研究。具体按以下两步骤展开。

第一步:工业国家、新兴市场国家不分组的政策效果检验

使用表 5-1 所列示的 51 国数据,并应用式(4.2)的 DID 方法展开回归分析并结合 Bootstrap 进行参数的显著性检验,分析结果如表 5-2 所示。如将波动幅度超过 30% 的秘鲁、巴西、阿根廷三国从样本中剔除的话,在10% 的统计意义的显著性水平上显示通货膨胀目标制对降低通货膨胀预期的波动(通货膨胀预期稳定性的增强)具有积极的政策效果;但反之则缺乏足够的证据。综合而言,此回归分析并未得到令人难以信服的研究结果。

表 5-2　实证结果 1:工业国家、新兴市场国家不分组的场合

因变量	样本对象	回归结果		基于 Bootstrap 的显著性检验	
		变量	系数	t-值	P-值
$X_{post} - X_{pre}$	所有国家	C	1.16	5.0234	0.0000
		X_{pre}	-0.84	-41.777	0.0000
		D	-0.58	-1.6704	0.1013
	剔除波动幅度超过 30% 的三个国家	C	0.87	3.7693	0.0005
		X_{pre}	-0.70	-4.2533	0.0000
		D^*	-0.67	-2.0140	0.0580

注:1. 与第 4 章一样,回归方程式为 $X_{post} - X_{pre} = c + a_1 D + a_2 X_{pre} + e$ 变量 D 的推定量正是我们所关心的政策效果。以下表 5-3 同。

2. 变量 D 右上方的 *,表示在 10% 的统计有意水平上显著。

第二步：工业国家与新兴市场国家的分组检验

鉴于以上情况，并考虑到工业国家与新兴市场国家在各方面存在着较大差异的可能性，我们将样本分为"工业国家"、"新兴市场国家"两组，分别展开政策效果的检验。分析结果如表 5 – 3 所示。

对工业国家而言，没有显著的证据表明具有稳定通货膨胀预期的作用[①]。但是，对于新兴市场国家，不管是否从样本中剔除波动幅度超过30%的三个国家，检验结果均显示在5%的显著性水平上通货膨胀目标制降低了通货膨胀预期的波动。并且，对照表 5 – 1 我们可以进一步发现，剔除波动幅度超过30%的"异常值"国家后，新兴市场国家目标制国家的通货膨胀预期波动的平均值从4.42%降至1.52%、下降幅度为2.9%，而其中1.18%（40%的贡献度）的下降是由通货膨胀目标制所带来的。因此，可以说通货膨胀目标制在新兴市场国家确实较大程度地发挥了稳定通货膨胀预期的作用。

表 5 – 3　　实证结果 2：工业国家、新兴市场国家分组的场合

因变量	国家	样本对象	回归结果		基于 Bootstrap 的显著性检验	
			变量	系数	t – 值	P – 值
$X_{post} - X_{pre}$	工业国家	全部工业国家	C	0.17	2.1713	0.0435
			X_{pre}	– 0.67	– 12.6079	0.0000
			D	0.01	0.1052	0.9174
	新兴市场国家	全部新兴市场国家	C	1.92	4.5346	0.0001
			X_{pre}	– 0.86	– 20.9927	0.0000
			D^{**}	– 1.10	– 2.3826	0.0248
		剔除波动幅度超过30%的三个国家	C	1.60	3.6175	0.0014
			X_{pre}	– 0.75	– 2.5152	0.0000
			D^{**}	– 1.18	– 2.1504	0.0423

注：变量名 D 右上方的 * *，表示在5%的统计有意水平上显著。

[①]　与第4章一样，我们将瑞士划分为对照组（非通货膨胀目标制国家）后进行了研究结论的稳健性检验，结果显示本研究结论不变。

通货膨胀目标制稳定通货膨胀预期了吗？综合以上检验结果，真实的事实是通货膨胀目标制仅在新兴市场国家具有稳定通货膨胀预期的政策效果，但如果研究对象不划分为"工业国家"、"新兴市场国家"两组的话，将无法发掘到这一事实，反而给人以它在所有的通货膨胀目标制国家都具有此政策效果的错误表象。

5.4 "非对称性"的直接原因探讨

第4章的研究结果表明，通货膨胀目标制的宏观经济效应在工业国家与新兴市场国家之间存在着"非对称性"；本章以上的实证研究又显示通货膨胀目标制仅在新兴市场国家具有稳定通货膨胀预期的政策效果。结合上述两方面的研究结论，可以推论发现这一"非对称性"的直接原因很可能就在于此（如图5-3所示）：新兴市场国家采用通货膨胀目标制后促使了其通货膨胀预期稳定性的显著提升，而通货膨胀预期的稳定机制给一国经济带来了莫大的好处、推动了一国宏观经济的良

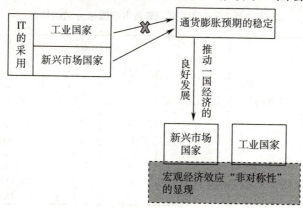

注：此处的IT为通货膨胀目标制的缩写。

图5-3 "非对称性"的直接原因分析

好发展；但通货膨胀目标制在工业国家却不存在这样的政策影响路径。由此，通货膨胀目标制的宏观经济政策效应在工业国家与新兴市场国家之间就显现出了不同的表现，即"非对称性"。

那么，为何新兴市场国家采用通货膨胀目标制之后促使了其通货膨胀预期稳定性的显著提升，但在工业国家却影响不大呢？在下一章，我们拟从"对稳定物价的重视程度、中央银行的独立性、货币政策的透明度"等多个角度展开新兴市场国家与工业国家之间的比较分析，分析这背后的制度性因素原因。

5.5　本章小结

20 世纪 90 年代以来通货膨胀目标制在全球范围内的兴起这一现象，吸引了众多经济学家和政策制定者们的目光，对它进行持续的研究和探讨。其中，关于通货膨胀目标制的"中心思想"，推崇者们普遍认为，它能够带来通货膨胀预期的稳定，从而给一国宏观经济带来莫大的好处；但已有的相关实证研究观点各异、结论并不一致。本章的研究目的在于对"通货膨胀目标制是否稳定了通货膨胀预期"这一政策命题进行检验，并依据研究结论探讨第 4 章所确认的其宏观经济政策效应"非对称性"的原因所在。

本章的研究样本及时间长度与第 4 章相同（21 个通货膨胀目标制国家及 30 个对照组国家，样本时间长度为 1980—2007 年）。首先，我们使用 UC – SV 模型定量测度各国的通货膨胀预期及其波动；其次，以推定的通货膨胀预期的波动作为反映通货膨胀预期稳定性的变量，并与第 4 章一样，沿用 Ball 和 Sheridan（2005）的 DID 方法并结合 Bootstrap 检验对"通货膨胀目标制是否稳定了通货膨胀预期"这一政策命题进行了实证研究。研究结论显示，通货膨胀目标制仅在新兴市场国家发挥出了较大程度地提升通货膨胀预期稳定性的作用，但在工业国家则缺乏显著的证据来证明这一点。

　　上述研究结论与第4章所确认的"非对称性"效应结合起来展开分析后，我们认为通货膨胀目标制宏观经济效应"非对称性"的直接原因在于，新兴市场国家采用通货膨胀目标制后促使了其通货膨胀预期稳定性的显著提升，从而给一国宏观经济的良好运行带来极大益处；但通货膨胀目标制在工业国家却不存在这样的政策影响路径。由此，通货膨胀目标制的宏观经济政策效应在工业国家与新兴市场国家之间就显现出了"非对称性"现象。

附录5-1：各国预期通货膨胀率测度结果的汇总①

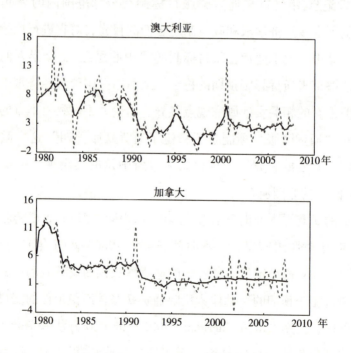

---

① 实线为预期通货膨胀率，虚线为实际通货膨胀率。下同。

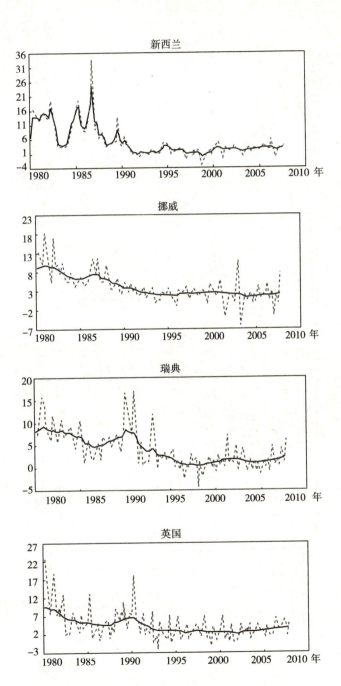

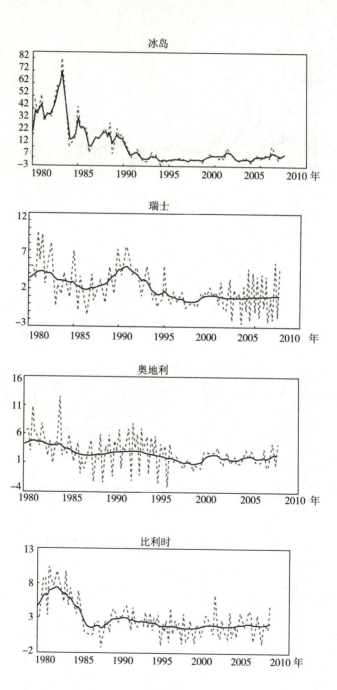

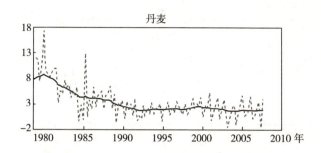

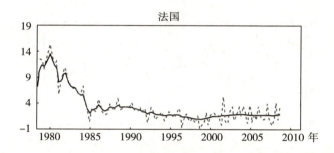

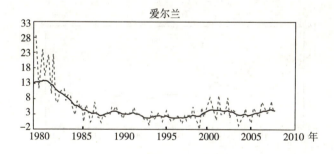

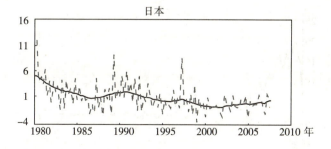

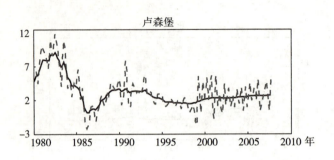

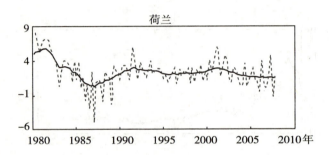

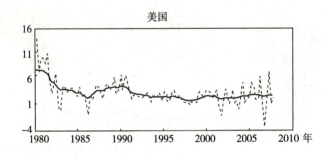

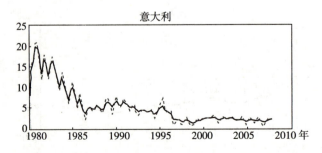

希腊

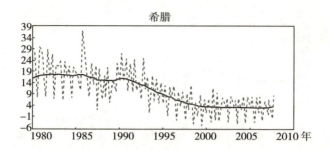

葡萄牙

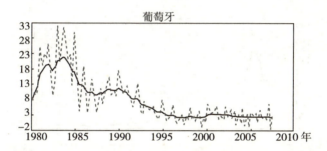

德国

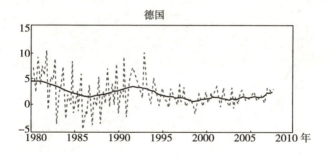

智利

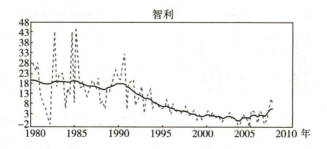

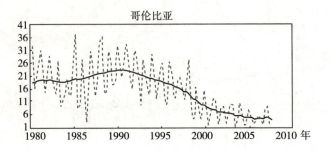

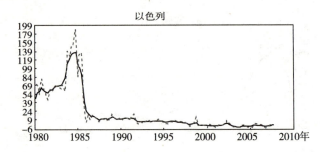

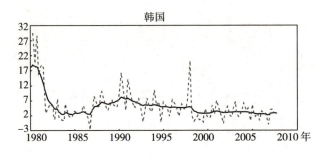

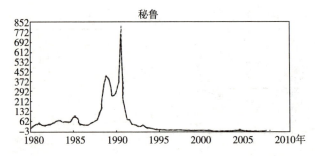

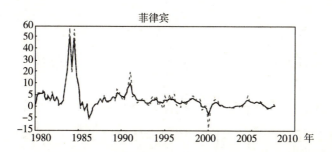

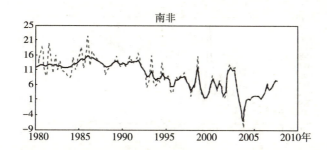

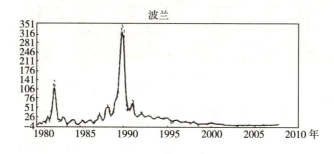

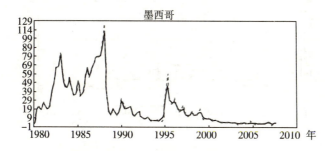

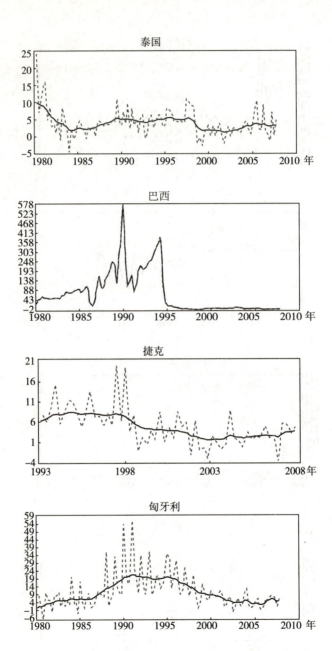

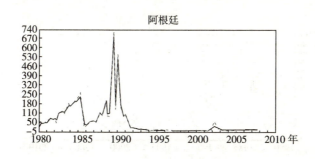

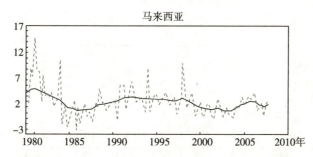

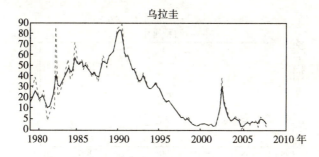

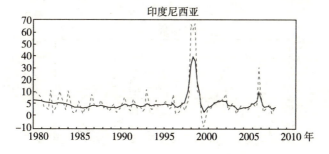

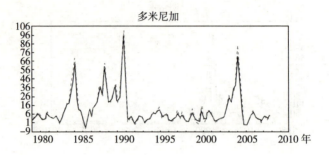

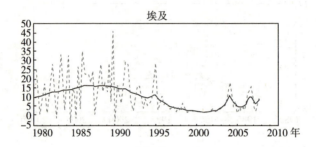

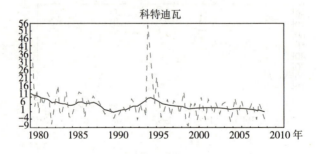

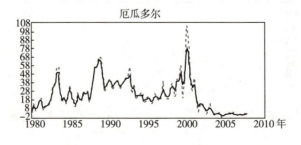

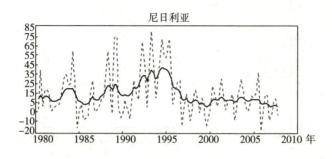

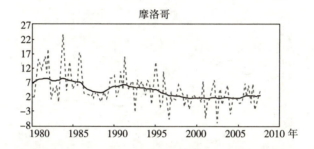

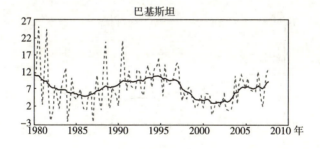

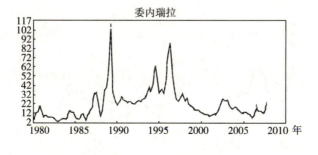

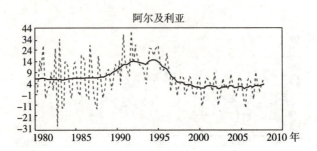

阿尔及利亚

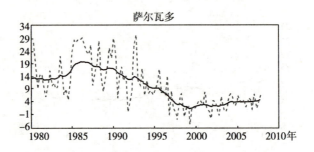

萨尔瓦多

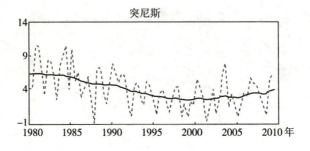

突尼斯

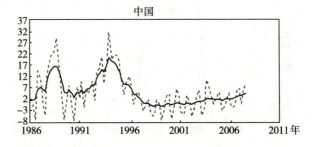

中国

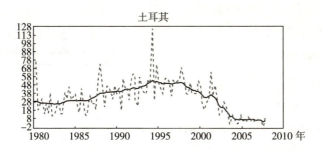

土耳其

附录 5-2：UC-SV 模型估计的程序

如正文所述，本书采用 MCMC 方法（Markov Chain Monte Carlo）进行 UC-SV 模型估计（使用 Gauss 分析软件），其编程由以下五部分组成。

Part 1. Settings：对样本时间起点和终点等进行设定。

Part 2. Read data from xls. file：从"GDP_ Deflator. xls"文件读取数据（注：各国数据事前保存于"GDP_ Deflator. xls"的 Excel 文档中）。

Part 3. Analysis：采用 MCMC 方法对 UC-SV 模型进行推定。

Part 4. Plot results（1）：将推定出来的预期通货膨胀率和实际通货膨胀率保存于文本文件，同时以图显示（附录 5-1 的各张图）。

Part 5. Plot results（2）：将推定出来的预期通货膨胀率的波动结果保存于文本文件，并以图显示。

```
new;
library pgraph;
graphset;
// ------- Part 1 settings ------------------------------------
xlsName = "GDP_Deflator. xls";命名保存 CPI 指数数据的 Excel 文件名
```

```
sheetNo = 1;

dataPath = "data//";

firstDate = 1980.00;

lastDate = 2008.00;

NamesRange = "B1:P1";

DataRange = "B102:P213";指定在 Excel 文档中的数据范围

nPerYear = 4;   季度频率数据

// ------ end settings


// ------- Part 2 read data from xls. file -------
```

（从"GDP_Deflator. xls"Excel 文档中读取数据,生成向量）

本研究样本时间长度为1980—2007年
（数据读取止于2008年的前一期）

```
NamesVec = spreadsheetreadsa(xlsName, NamesRange, sheetNo);

DataVecs = spreadsheetreadM(xlsName, DataRange, sheetNo);

print NamesVec;

print DataVecs;

///          Generate quarterly time vector

QuartersVec = seqa(firstDate, 1/nPerYear, (lastDate - firstDate) * nPerYear);

if rows(QuartersVec) ! = rows(DataVecs);

"Please check the range for CPI data and the start, end quarter!";

end;

endif;

nQuarters = rows(QuartersVec);


/// ------- Part 3. Analysis -------
```

（用 MCMC 方法进行 UC - SV 模型估计）

```
rndseed 878325;设置随机种子

//@ Parameters @
```

```
burnin = 100;    忽略 Markov 链条开头部分的长度

ndraw = 5100;    设定随机抽放(sampling)的次数

// -- Parameters for log - chi - squared errors -- @

r_p = . 086;

r_m1 = - 7. 472;

r_m2 = - 0. 698;

r_sig2 = 1. 411;

r_sig = sqrt( r_sig2);

// -- Parameters for RW Innovation Variance -- @

tau1 = . 20;

tau2 = . 20;

q_p = 1. 0;

q1 = tau1^2;

q2 = tau2^2;
```

基于US-CV模型
"$v_t = (v_{\eta,t}, v_{\varepsilon,t}) \sim i.i.d.N(0, \gamma)$、$\gamma = 0.2$" 设定

```
// --    Construct lt Matrix of ones -- @        构筑矩阵

ltone = lowmat( ones( nQuarters, nQuarters) );

bsum = lowmat( ones( nQuarters + 1, nQuarters + 1) );

// Carry Out Analysis for Each country //

format /rd 6 ,2;

iCountry = 1; do while iCountry < = cols( DataVecs);

gdp = DataVecs[. ,iCountry];

gdp = ln( gdp);

  dp = miss( zeros( nQuarters,1) ,0);

  dp[2 :nQuarters] = gdp[2 :nQuarters] - gdp[1 :nQuarters - 1];

y = dp;

  y = missrv( y, 0);
```

```
y = 400 * y ;

    tau0 = meanc( y[ 1 :4 ] ) ;
```

取初期值

按照 $\pi_t = 400 \times \ln(P_t/P_{t-1})$，计算通货膨胀率

```
// @ Compute variance of dy for use in constructing bounds and initial conditions @

dy = y[ 2 :rows( y ) ] − y[ 1 :rows( y ) −1 ] ;
```

计算通货膨胀率的方差

```
    dy = missrv( dy, 0 ) ;

    var_dy = ( stdc( dy ) )^2 ;

var_eta_min = 0. 015 ∗ var_dy ;

    var_eps_min = 0. 005 ∗ var_dy ;
```

设定 $\sigma_{\eta,t}$ 和 $\sigma_{\varepsilon,t}$ 的最小值

```
// @ Initial Values @

var_eps_initial = var_dy/3 ;

    var_eta_initial = var_dy/3 ;
```

设定 $\sigma_{\eta,t}$ 和 $\sigma_{\varepsilon,t}$ 的初期值

```
"Carry Out Analysis for series " ; ;NamesVec[ iCountry ] ;

    "Estimate of tau0 " ; ;tau0 ;

    "Lower bound on SD eta = " ; ;sqrt( var_eta_min ) ;

    "Lower bound on SD eps = " ; ;sqrt( var_eps_min ) ;

    "Initial guess of sd_eta = " ; ;sqrt( var_eta_initial ) ;

    "Initial guess of sd_eps = " ; ;sqrt( var_eps_initial ) ;

    y = y − tau0 ; // @ Eliminate intial value of tau from analysis @
```

输出 $\sigma_{\eta,t}$ 及 $\sigma_{\varepsilon,t}$ 的初期值和最小值

```
//@ −− step 0 −− @

    // −− initial values of indicator prob vectors −− @        设定概率向量的初值

r_pt_eps = r_p ∗ ones( nQuarters,1 ) ;

    q_pt_eps = q_p ∗ ones( nQuarters,1 ) ;

    r_pt_eta = r_p ∗ ones( nQuarters,1 ) ;
```

```
    q_pt_eta = q_p * ones(nQuarters,1);
  // -- initial value of var_eps_n  and var_eta_n @
    var_eps_n = var_eps_initial * ones(nQuarters,1);
    var_eta_n = var_eta_initial * ones(nQuarters,1);
   sd_eps_save = zeros(nQuarters,ndraw - burnin);
  sd_eta_save = zeros(nQuarters,ndraw - burnin);
  tau_save = zeros(nQuarters,ndraw - burnin);
  eta_save = zeros(nQuarters,ndraw - burnin);
eps_save = zeros(nQuarters,ndraw - burnin);


itmp = 0;                              随机抽放(Sampling)过程
  idraw = 1; do while idraw < = ndraw;
   {eps,eta,tau} = draw_eps_eta(y,var_eps_n,var_eta_n);
   {var_eps_n,r_pt_eps,q_pt_eps} = draw_var(eps,r_pt_eps,q_pt_eps,var_eps_min);
   {var_eta_n,r_pt_eta,q_pt_eta} = draw_var(eta,r_pt_eta,q_pt_eta,var_eta_min);
   if idraw . > burnin;
     sd_eps_n = sqrt(var_eps_n);
     sd_eta_n = sqrt(var_eta_n);
     sd_eps_save[.,idraw - burnin] = sd_eps_n;
     sd_eta_save[.,idraw - burnin] = sd_eta_n;
     tau_save[.,idraw - burnin] = tau + tau0;
     eta_save[.,idraw - burnin] = eta;
     eps_save[.,idraw - burnin] = eps;
   endif;
   itmp = itmp + 1;
   if itmp . = = 100;
itmp = 0;
```

```
print /flush; ; idraw; ; timestr( time) ;
endif;
idraw = idraw + 1; endo;


// @  save Results @                      保存计算结果
    str = dataPath $ + NamesVec[ iCountry] $ + "_" $ + ftocv( firstdate,4,0) $ + "_"
$ + "_sd_eta";
    save ^str = sd_eta_save;
    str = dataPath $ + NamesVec[ iCountry] $ + "_" $ + ftocv( firstdate,4,0) $ + "_"
$ + "_sd_eps";
    save ^str = sd_eps_save;
    str = DataPath $ + NamesVec[ iCountry] $ + "_" $ + ftocv( firstdate,4,0) $ + "_"
$ + "_tau";
    save ^str = tau_save;
    ///save eta and eps. . .
    str = DataPath $ + NamesVec[ iCountry] $ + "_" $ + ftocv( firstdate,4,0) $ + "_"
$ + "_eta";
    save ^str = eta_save;
    str = DataPath $ + NamesVec[ iCountry] $ + "_" $ + ftocv( firstdate,4,0) $ + "_"
$ + "_eps";
    save ^str = eps_save;
iCountry = iCountry + 1; endo;


/// calculate processions ///
@  --------------------------------- @
proc(3)  =  draw_eps_eta( y, var_eps_n, var_eta_n) ;
@  Construct draws of eps and eta @
```

```
local n, cov_eps, cov_tau, diag_y, cov_y, tau, kappa, mutau_y, covtau_y, chol_covtau_y,
eta, eps;

n = rows( y);

cov_eps = diagrv( eye( n), var_eps_n);

cov_tau = ltone * cov_eps * ltone';

diag_y = diag( cov_tau) + var_eta_n;

cov_y = diagrv( cov_tau, diag_y);

kappa = cov_tau * invpd( cov_y);

mutau_y = kappa * y;

covtau_y = cov_tau − kappa * cov_tau';

chol_covtau_y = chol( covtau_y);

tau = mutau_y + chol_covtau_y' rndn( n,1);

eta = y − tau;

eps = tau[ 1] | ( tau[ 2:n] − tau[ 1:n − 1]);

retp( eps, eta, tau);

endp;
```

@ -- @

```
proc( 3) = draw_var( x, r_pt, q_pt, var_min);
```

@ Construct draw of variance @

```
local n, lnres2, tmp, ir, iq, mut, qt, vd, valpha, vy, cy, diagvy, vyi, kgain, ye;

local ahat0, ahat1, vhat0, cvhat0, adraw0, adraw1, edraw, udraw;

local f1, f2, fe, fu, vardraw;

n = rows( x);
```

@ Construct estimate of var_eps @

```
lnres2 = ln( x. ^2);
```

@ −− Step 1 −− initial draws of Indicator Variables −− @

```
tmp = rndu( n,1);
```

```
ir = tmp . < = r_pt;

tmp = rndu( n,1);

iq = tmp . < = q_pt;

@ -- Step 2; compute system parameters given indicators -- @

mut = (ir * r_m1) + ((1 - ir) * r_m2);

qt = (iq * q1) + ((1 - iq) * q2);

@ -- Compute Covariance Matrix   -- @

vd = diagrv(eye(n + 1),(vague|qt));

valpha = bsum * vd * bsum';

vy = valpha[2:n + 1,2:n + 1];

cy = valpha[1:n + 1,2:n + 1];

diagvy = diag(vy) + r_sig2;

vy = diagrv(vy,diagvy);

vyi = invpd(vy);

kgain = cy * vyi;

@ -- Compute draws of state and shocks -- @

ye = lnres2 - mut;

ahat0 = kgain * ye;

ahat1 = ahat0[2:n + 1];

vhat0 = valpha - kgain * cy';

cvhat0 = chol(vhat0);

adraw0 = ahat0 + cvhat0'rndn(n + 1,1);

adraw1 = adraw0[2:n + 1];

edraw = lnres2 - adraw1;

udraw = adraw0[2:n + 1] - adraw0[1:n];

@ -- Compute Mixture Probabilities -- @

   @ -- e shocks -- (Note sigma is the same) -- @
```

```
f1 = exp(    ( -0.5) * ((( edraw - r_m1). /r_sig). ^2)  );

f2 = exp(    ( -0.5) * ((( edraw - r_m2). /r_sig). ^2)  );

fe = r_p * f1 + ( 1 - r_p) * f2;

r_pt = ( r_p * f1). /fe;

@  -- u shocks -- Means are both zero @

f1 = ( 1/tau1) * exp(    ( -0.5) * (( udraw. /tau1). ^2)  );

f2 = ( 1/tau1) * exp(    ( -0.5) * (( udraw. /tau2). ^2)  );

fu = q_p * f1 + ( 1 - q_p) * f2;

q_pt = ( q_p * f1). /fu;

@  -- Compute Variance of AR Shocks and Variance of Annual Difs -- @

  vardraw = exp( adraw1); @ Variance Draw @ ;

@  -- Impose minimum value --- @

tmp = var_min * ones( rows( vardraw) ,1);

vardraw = maxc(( vardraw ~ tmp) ');

retp( vardraw, r_pt, q_pt);

endp;
```

```
// ------- Part 4. Plot results (1) ---------------------------------
```

（推定出来的预期通货膨胀率和实际通货膨胀率保存于文本文件，同时以图显示）

```
ip = 1; do while ip < = cols( NamesVec);

  strEta = dataPath $ + NamesVec[ ip] $ + "_" $ + ftocv( firstdate,4,0) $ + "_" $

+ "_sd_eta";

  load sd_eta_save = ^strEta;

  strEps = dataPath $ + NamesVec[ ip] $ + "_" $ + ftocv( firstdate,4,0) $ + "_" $

+ "_sd_eps";

  load sd_eps_save = ^strEps;

  strTau = dataPath $ + NamesVec[ ip] $ + "_" $ + ftocv( firstdate,4,0) $ + "_" $
```

```
+ "_tau";

    load tau_save =^strTau;

    strEta = dataPath $ + NamesVec[ip] $ + "_" $ + ftocv(firstdate,4,0) $ + "_" $
+ "_eta";

    load eta_save =^strEta;

    strEps = dataPath $ + NamesVec[ip] $ + "_" $ + ftocv(firstdate,4,0) $ + "_" $
+ "_eps";

    load eps_save =^strEps;

    strDS_th = dataPath $ + NamesVec[ip] $ + "_" $ + ftocv(firstdate,4,0) $ + "_"
$ + "_theta";

strDS_a = dataPath $ + NamesVec[ip] $ + "_" $ + ftocv(firstdate,4,0) $ + "_" $
+ "_DS_a";

// Compute MA Coefficients

    var_eps_save = sd_eps_save.^2;

    var_eta_save = sd_eta_save.^2;

    lam0 = var_eps_save + 2 * var_eta_save;

    rho1 = - var_eta_save./lam0;

    th_save = - (ones(rows(rho1),cols(rho1)) - sqrt(ones(rows(rho1),cols(rho1)) - 4 *
rho1.^2))./(2 * rho1);

    var_a_save = lam0./(ones(rows(rho1),cols(rho1)) + th_save.^2);

    sd_a_save = sqrt(var_a_save);

    pct1  = 0.5;

    pct = .165|.50|.835;

    sd_eta = zeros(nQuarters,rows(pct));

    sd_eps = zeros(nQuarters,rows(pct));

    tau = zeros(nQuarters,rows(pct1));

    eta = zeros(nQuarters,rows(pct));
```

```
    eps = zeros( nQuarters, rows( pct ) );

    th = zeros( nQuarters, 3 );

    sd_a = zeros( nQuarters, 3 );

t = 1; do while t < = rows( sd_eta_save );

    tmp = sd_eta_save[ t,. ] ';

    sd_eta[ t,. ] = ( pctile( tmp, pct ) ) ';

    tmp = sd_eps_save[ t,. ] ';

    sd_eps[ t,. ] = ( pctile( tmp, pct ) ) ';

tmp = tau_save[ t,. ] ';

    tau[ t,. ] = ( pctile( tmp, pct1 ) ) ';

tmp = eta_save[ t,. ] ';

    eta[ t,. ] = ( pctile( tmp, pct ) ) ';

    tmp = eps_save[ t,. ] ';

    eps[ t,. ] = ( pctile( tmp, pct ) ) ';

    tmp = th_save[ t,. ] ';

    th[ t,. ] = ( pctile( tmp, pct ) ) ';

    tmp = sd_a_save[ t,. ] ';

    sd_a[ t,. ] = ( pctile( tmp, pct ) ) ';

t = t + 1; endo;


strDef = NamesVec[ ip ];

deflator = miss( 0,0 ) |400 * ln ( DataVecs [ 2 : nQuarters, ip ]./DataVecs [ 1 : nQuarters − 1,

ip ] );

xtics( firstdate, lastdate − 0. 5,5,5 );

    title( strDef );

TauDeflator = ( miss( tau,0 ) '|deflator' ) ';

ymax = ceil( maxc( maxc( TauDeflator ) ) );
```

```
ymin = floor( minc( minc( TauDeflator) ) ) ;

ytics( ymin,ymax,5,5) ;

    _pltype = 6|3;

    _pmcolor = 2;

    _pdate = "";

    _pcolor = 4|1;

    xy( QuartersVec,TauDeflator) ;以图显示推定结果

wait;

/// save to txt        同时,推定结果保存于文本文件

file = fopen( dataPath $ + NamesVec[ ip] $ + "_" $ + ftocv( firstdate,4,0) $ +

". txt", "w + ") ;

strTitle = "Time \t Tau \t Deflator\n";

content = QuartersVec ~ TauDeflator;

declare string fmt = { "%4. 3lf\t", "%6. 6lf\t", "%6. 6lf\n"} ;

strContent = ftostrC( content, fmt ) ;

num1 = fputs( file,strTitle) ;

num2 = fputs( file, strcontent) ;

ip = ip + 1; endo;
```

设定图的显示形式(标题、横纵轴的显示刻度、线的颜色等)

```
// -------Part 4. Plot results (2) --------------------------------
```
(将推定出来的预期通货膨胀率的波动结果保存于文本文件,并以图显示)
```
ip = 1; do while ip < = cols( NamesVec) ;

    strEta = dataPath $ + NamesVec[ ip] $ + "_" $ + ftocv( firstdate,4,0) $ + "_" $

+ "_sd_eta";

    load sd_eta_save =^strEta;

    strEps = dataPath $ + NamesVec[ ip] $ + "_" $ + ftocv( firstdate,4,0) $ + "_" $

+ "_sd_eps";
```

```
load sd_eps_save = ^strEps;

  sd_eta = zeros( nQuarters,1);

  sd_eps = zeros( nQuarters,1);

pct = .50;

t = 1; do while t < = rows( sd_eta_save);

    tmp = sd_eta_save[ t,. ]';

    sd_eta[ t,. ] = ( pctile( tmp,pct))';

    tmp = sd_eps_save[ t,. ]';

    sd_eps[ t,. ] = ( pctile( tmp,pct))';

t = t + 1; endo;

    _pltype = 6;

    _pmcolor = 2;

    _pdate = "";

    _pcolor = 1;
```

设定图的显示形式（标题、横纵轴的显示刻度、线的颜色等）

```
    ymax = ceil( maxc( maxc( sd_eps)) );

    ytics( 0,ymax,. 5,5);

xtics( firstdate,lastdate - 0. 5,5,5);

    title( strEps);

sd_eps = miss( sd_eps,0);

    xy( QuartersVec, sd_eps);
```
以图显示推定结果
```
    wait;

file = fopen ( dataPath $ + NamesVec [ ip] $ + "_" $ + ftocv ( firstdate,4,0) $ +

". txt", "w + ");
```
同时,推定结果保存于文本文件
```
strTitle = "Time \t \t \t  sd_eps\t \t \t ";

content = QuartersVec ~ sd_eps;

declare string fmt = { "%4. 3lf\t", "%6. 6lf\t", "%6. 6lf\n"};
```

```
strContent = ftostrC( content, fmt );
num1 = fputs( file, strTitle );
num2 = fputs( file, strcontent );
ip = ip + 1; endo;
```

附录 5 –3：样本长度为 1980—2012 年的研究结果

如前所述，出于排除 2008 年开始席卷全球的金融危机对分析结果可能产生偏差的影响的考虑，本研究样本的终点选择为 2007 年。但同时，与第 4 章的"附录 4 –1"一样，我们再作样本终点延期至 2012 年（即样本长度为 1980—2012 年）的另行设定、并按照与正文完全相同的方法展开分析，以检验研究结论的稳健性。研究结果如表 5 –4、表 5 –5 所示。

表 5 –4 实证结果 1：工业国家、新兴市场国家不分组的场合（1980—2012 年）

因变量	样本对象	回归结果		基于 Bootstrap 的显著性检验	
		变量	系数	t – 值	P – 值
$X_{post} - X_{pre}$	所有国家	C	1.03	5.9600	0.0000
		X_{pre}	– 0.86	– 57.0562	0.0000
		D	– 0.45	– 1.65	0.1045
	剔除波动幅度超过 30% 的三个国家	C	0.84	4.8312	0.0000
		X_{pre}	– 0.76	– 20.1588	0.0000
		D^{**}	– 0.55	– 2.1117	0.0403

注：变量名 D 右上方的 ＊＊，表示在 5% 的统计有意水平上显著。

表 5 –5 实证结果 2：工业国家、新兴市场国家分组的场合（1980—2012 年）

因变量	国家	样本对象	回归结果		基于 Bootstrap 的显著性检验	
			变量	系数	t – 值	P – 值
$X_{post} - X_{pre}$	工业国家	全部工业国家	C	0.18	1.5688	0.1341
			X_{pre}	– 0.63	– 7.8358	0.0000
			D	0.01	0.0374	0.9605

续表

因变量	国家	样本对象	回归结果		基于 Bootstrap 的显著性检验	
			变量	系数	t - 值	P - 值
$X_{post} - X_{pre}$	新兴市场国家	全部新兴市场国家	C	1.65	6.4754	0.0000
			X_{pre}	-0.87	-51.6642	0.0000
			D^{**}	-0.98	-2.6906	0.0121
		剔除波动幅度超过30%的三个国家	C	1.46	5.2844	0.0000
			X_{pre}	-0.80	-17.6481	0.0000
			D^{*}	-1.09	-2.8989	0.0079

注：变量 D 右上方的 $**$ 及 $*$，分别表示在5%、10%的统计有意水平上显著。

　　很显然，研究结论与正文相同。如果工业国家、新兴市场国家不分组的话，回归分析同样无法得到令人难以信服的研究结果（如从样本中将波动幅度超过30%的秘鲁、巴西、阿根廷三国剔除的话，在5%的统计有意性上显示通货膨胀目标制对降低通货膨胀波动具有积极作用，但反之则缺乏足够的证据）。但如果将样本分为"工业国家"、"新兴市场国家"两组、分别展开政策效果检验的话，研究结果亦同样显示：对工业国家而言是"No"，但对于新兴市场国家则具有显著的证据表明通货膨胀目标制发挥了稳定通货膨胀预期的作用。即通货膨胀目标制仅在新兴市场国家促使了其通货膨胀预期稳定性的提高。

第6章
新兴市场国家目标制国家通货膨胀预期
稳定性显著提升的制度性原因探讨

前一章的研究结论表明，通货膨胀目标制宏观经济效应"非对称性"的直接原因在于，新兴市场国家实施这一货币政策之后促使了其通货膨胀预期稳定性的显著增强，而通货膨胀预期的稳定机制给一国经济带来了极大的好处，推动了一国经济的良好发展；但通货膨胀目标制在工业国家却不存在这样的政策传递路径。由此，通货膨胀目标制的宏观经济政策效应在工业国家与新兴市场国家之间就显现出了不同的表现，即"非对称性"。

那么，为何新兴市场国家实施通货膨胀目标制之后其通货膨胀预期稳定性显著增强，但在工业国家却影响不大呢？本章我们拟从"对稳定物价的重视程度、中央银行的独立性、货币政策的透明度"等多个角度着手，展开新兴市场国家与工业国家之间的比较分析，探究这背后的制度性原因。

6.1 对"稳定物价"的重视程度的比较分析

如前所述，在实施通货膨胀目标制的国家，中央银行（或与政府

共同）公布明确的通货膨胀的目标值，并把实现此目标作为其中长期
货币政策的首要目标。但是，在许多没有实施通货膨胀目标制的工业国
家，中央银行虽然没有明确"稳定物价"为货币政策的首要目标或公
布数量化的通货膨胀目标值，不过在货币政策的实践中，其实还是赋予
了"稳定物价"较大的重视权重。比如，2002 年 11 月修订的美国《联
邦储备法案》规定，联邦储备当局要以"最大程度的就业、价格稳定
和适度的长期利率"为目标。从形式来看，这一法律规定提出了货币
政策的多重目标，并没有凸显"价格稳定"的优选性。但实际上，20
世纪 80 年代中期以来，美国联邦储备当局的政策态势就更为重视"物
价的稳定"，其政策实践的轨迹印证出联邦储备当局"通过追求中长期
物价的稳定来达成其他目标的实现"的这一货币政策操作思路[①]。再
如，根据 1993 年生效的《马斯特里赫特条约》第 105 条的规定，欧洲
中央银行的基本目标是保持价格稳定，在不损及价格稳定目标的前提下
兼顾欧盟整体目标（提高经济增长和就业水平，缩小成员国之间的社
会和经济差距）。并且，近年来欧洲中央银行以"通货膨胀率年增长率
低于但接近 2%"作为其价格稳定的界定。由此可见，在工业国家这一
阵营里，在对"稳定物价"这一货币政策目标的重视程度上，非目标
制国家与通货膨胀目标制国家相比虽有一定的落差，但差距并不明显。

但是，这一情况在新兴市场国家却完全不同，在对这一货币政策目
标的重视程度上，非目标制国家与通货膨胀目标制国家之间存在着较大
的差距。一方面，通货膨胀目标制国家明确地把"稳定物价"作为货
币政策的首要目标，同时公布数量化的通货膨胀目标值，并把在中长期
内实现此目标作为中央银行的主要任务。但另一方面，众多的非目标制

---

① 比如，可参见魏永芬（2008）、Mishkin（2007）等。

国家中央银行对于"稳定物价"、"促进经济增长"、"充分就业"、"国际收支平衡"等货币政策目标依然持多重目标的态势，或者有些国家虽然从法律上规定了"稳定物价"的优先权，但在实际操作中却非如此。比如，虽然《中国人民银行法》第三条规定我国货币政策的目标是"保持货币币值的稳定，并以此促进经济增长"，表明价格稳定为首要目标[①]；但在实际操作中，"促进经济增长"和"充分就业"所被赋予的重视权重并不低于"稳定物价"，我国事实上仍然是多重货币政策目标体系。

综上对比分析可知，在对于"稳定物价"这一货币政策目标的重视程度上，工业国家阵营间的两类国家（通货膨胀目标制国家、非目标制国家）皆体现出重视"稳定物价"的政策态势，非目标制国家虽有一定的落差但并不明显。但在新兴市场国家之间则情况完全不同，新兴市场国家一旦采用了通货膨胀目标制，即意味着它将从制度层面上要求货币政策目标从多重目标向"稳定物价"的单一目标收敛、对"稳定物价"的重视度大为提高；这样，在货币政策的诸目标中，通货膨胀目标制国家对"稳定物价"所赋予的重视权重远超于非目标制国家。

6.2　货币政策的透明度及中央银行独立性方面的比较分析

如表 2 – 2 所示，20 世纪 90 年代末期以来，通货膨胀目标制在新兴市场国家之间广受青睐，采用国不断增加。其实，21 世纪前，对于新兴市场国家是否适宜实行这一货币政策框架的"怀疑论"并不少见。比如，Masson 等（1997）认为，缘于新兴市场国家：（1）财政赤字庞

---

① 也有部分学者认为［如何海峰、于卫国（2015），孔燕（2008）］，《中国人民银行法》中的"保持货币币值的稳定"这一规定本身含义就不很明确清晰，因为稳定币值包含了两层含义：一是国内价格稳定，二是汇率的稳定。

大、政府财政必须依赖于铸币税收益；（2）金融市场不健全、金融体系脆弱等新兴市场国家固有的问题，以实现明确的通货膨胀目标值为中央银行中长期主要任务的这一货币政策，在新兴市场国家难以取得成功。例如，Eichengreen（2002）在以上问题点之外还指出，①新兴市场国家中央银行的独立性低、政策可信度欠缺；②出于减少债务膨胀（以外币计值的债务由于本币的贬值而引起的债务规模增加）、降低汇率波动对国内物价的影响等考虑，新兴市场国家在政策实践中时常显现出对汇率稳定的关注高于对稳定物价的倾向等问题之后，对于通货膨胀目标制在新兴市场国家是否能有效运行表示了强烈怀疑①。

与此同时，新兴市场国家中的目标制国家也充分认识到，与工业国家相比新兴市场国家采用通货膨胀目标制的"先天"条件差，面临的困难多，所以，在采用这一货币政策的前后，它们全力推进了各项制度性、技术性等方面的改革和建设②，以提高其在新兴市场国家的适宜性和政策的有效性。其中，致力于提高中央银行的独立性和货币政策的透明度的努力是最值得评价的两个方面③。如表6－1所示，许多新兴市场国家在通货膨胀目标制采用前后，修订了《中央银行法》，以提高中央银行的独立性。同时表6－2还显示，以色列等若干国家虽然没有进

---

① 根据小林（2003）的归纳，诸如此类"怀疑论"的理由可概括为这样两类：一是新兴市场国家中央银行的独立性低、政策可信度差等体制上的问题；二是新兴市场国家中央银行不可能有效地控制通货膨胀变化从而实现通货膨胀目标值的这一可操作性的问题。

② 比如，可参照 Schaechter 等（2000）。

③ 强化中央银行独立性的益处主要有：提高中央银行抵御政治压力的能力；独立性强的中央银行更有可能建立较高的政策信誉度，解决"时间不一致"问题，从而降低通货膨胀倾向，稳定通货预期。如 Rogoff（1985）、藤木（1998）、Cukierman（2008）。同时，众多的理论研究和实践证明，提高货币政策的透明度有利于降低信息的不对称，增强公众对货币政策的理解；提高货币政策的可信度；中央银行抵御政治对货币政策的影响；形成对中央银行的约束，增强中央银行自身的责任感。这些因素的变化无疑对最终提高货币政策的有效性具有重要意义。如 Woodford（2005）、上田（2008）。

行《中央银行法》的修订，但它们普遍加强了向政府提供信用的限制，使中央银行能够摆脱"财政支配"的影响，这样中央银行的独立性事实上获得了长足的进步。

表6-1　　　　　新兴市场国家目标制国家中央银行法的修订

国家	修订时期（年）	国家	修订时期（年）
智利	1989	印度尼西亚	1999
哥伦比亚	1992	巴西	2000
秘鲁	1993	南非	2000
*墨西哥	1994	菲律宾	2002
波兰	1998	—	—

注：墨西哥于1994年开始实施《中央银行法》。

资料来源：综合 Jacome（2001）、伊藤、林（2003）以及曹华（2006）制作。

表6-2　　　　　部分新兴市场国家中通货膨胀目标制国家中央银行
对政府提供信用的限制（20世纪80年代 vs2006年底）

国家	20世纪80年代					得分	2006年底					得分
	1	2	3	4	5		1	2	3	4	5	
以色列	*	—	—	—	—	1	*	—	*	*	*	4
韩国	—	—	*	—	—	1	*	*	*	*	—	4
泰国	—	—	*	*	—	2	—	—	*	*	—	2
巴西	—	—	—	—	—	0	*	*	*	*	*	5
智利	*	—	—	—	—	1	*	*	*	*	*	5
哥伦比亚	—	—	*	*	—	2	*	*	*	*	*	5
墨西哥	*	—	—	—	—	1	*	*	*	*	*	5
秘鲁	*	—	*	*	—	3	*	*	*	*	*	5
菲律宾	*	—	*	*	—	3	*	—	*	*	*	4
南非	*	—	—	—	—	1	*	—	—	—	—	2

注：如各国立法或条例中有以下规定，则以 * 号表示。数字1~5分别表示如下含义：

1. 央行不能向政府提供自动的信用；2. 央行向政府提供信用按市场利率进行；3. 央行向政府提供信用是临时性的；4. 央行向政府提供信用有数量限制；5. 央行禁止参加一级市场购买国债。

资料来源：转引自肖曼君（2007）。

　　Arnone 等（2007）基于 Cukierman 等（1992）的量化指标体系和方法①，对全球 100 余个经济体中央银行的独立性进行了指数化度量和比较分析；我们将其中的本研究样本各国中央银行的独立性指数摘录并汇总于表 6 – 3②。之后，从不同视角展开全方位的比较后，我们发现这样的"有趣"现象：（1）新兴市场国家之间的比较显示，通货膨胀目标制国家的独立性指数平均值从 20 世纪 80 年代末的 0.27 大幅上升至 2003 年的 0.64，远高于同时期非目标制国家的上升幅度（非目标制国家为 0.30 上升到 0.54）；（2）同时期工业国家阵营的比较则显示，通货膨胀目标制国家的独立性指数平均值从 0.39 上升至 0.69，但非目标制国家也从 0.51 上升至 0.73，也就是说，通货膨胀目标制国家中央银行独立性的上升幅度虽然大于非目标制国家、但两者差距并不大。综合以上两方面的对比分析，我们可以发现这样的事实：新兴市场国家采用通货膨胀目标制后，中央银行独立性大幅提升，远高于非目标制国家；而工业国家由于其中央银行独立性水平原先就相对较高，所以采用通货膨胀目标制后虽有增强，但增强幅度相对有限。③

---

　　① 学术界公认的中央银行独立性的测度指标体系有若干种，Cukierman 等（1992）是其中之一，简称为 CWN 指标体系。它从中央银行的政治独立性和经济独立性的两个考察视角出发，设置了 16 个具体指标进行量化分析，最后计算得出的加权平均值即为某国中央银行的独立性指数。

　　② 当然，对中央银行的独立性进行定量分析的相关研究文献并不少。但 Arnone 等（2007）的研究，样本国的数量最多，并且研究成果也相对较新，是最适合使用于本研究的相关文献。另外，Arnone 等（2007）全文使用了"中央银行的自主性"（Autonomy）这一文字表述，但其含义就是本章所述的"独立性"概念。

　　③ 通货膨胀目标制国家采用通货膨胀目标制的时期当然有先有后，但通过 2003 年与 20 世纪 80 年代末的比较，还是能大体反映出通货膨胀目标制采用前后的中央银行独立性的变化情况。

表6-3　通货膨胀目标制国家及部分非通货膨胀目标制国家的中央银行独立性指数

工业国家中的通货膨胀目标制国家（采用期）	20 世纪80 年代末	2003 年末	工业国家中的非通货膨胀目标制国家	20 世纪80 年代末	2003 年末
澳大利亚（1993）	0.56	0.63	欧洲央行	0.42	1.00
加拿大（1991）	0.69	0.63	丹麦	0.50	0.70
新西兰（1990）	0.19	0.44	日本	0.38	0.44
瑞典（1993）	0.32	0.94	美国	0.75	0.75
英国（1992）	0.38	0.69			
挪威（2001）	0.27	0.75	—		
冰岛（2001）	0.36	0.75			
瑞士（2000）	0.38	0.69			
平均值	0.39	0.69	平均值	0.51	0.73
新兴市场国家中的通货膨胀目标制国家（采用期）	20 世纪80 年代末	2003 年末	新兴市场国家中的非通货膨胀目标制国家（采用期）	20 世纪80 年代末	2003 年末
智利（1990）	0.18	0.69	阿根廷	0.45	0.75
以色列（1992）	0.27	0.38	马来西亚	0.36	0.50
秘鲁（1994）	0.55	0.69	乌拉圭	0.09	0.63
墨西哥（1999）	0.36	0.69	多米尼加	—	0.56
哥伦比亚（1999）	0.27	0.50	埃及	0.55	0.38
菲律宾（2002）	0.45	0.63	尼日利亚	—	0.44
南非（2000）	0.09	0.25	摩洛哥	0.18	0.50
波兰（1998）	0.09	0.88	巴基斯坦	0.18	0.50
巴西（1999）	0.09	0.63	委内瑞拉	0.27	0.69
泰国（2000）	0.36	0.44	突尼斯		0.69
捷克（1998）	—	0.88	中国	0.32	0.56
匈牙利（2001）	0.36	0.94	俄罗斯	—	0.44
韩国（1998）	0.20	0.56			—
平均值	0.27	0.64	平均值	0.30	0.54

注：1. 因 Arnone 等（2007）的研究样本中没有包含厄瓜多尔等国家，所以本研究样本中的若干非通货膨胀目标制国家的独立性指数的数据缺失；

2. 欧洲中央银行 20 世纪 80 年代末的独立性指数：对 2001 年前加入欧元区的 12 国中央银行的 20 世纪 80 年代末的独立性指数取平均值而得；

3. 指数越大，中央银行的独立性越强。

资料来源：根据 Arnone 等（2007）资料、笔者制作。

除了致力于中央银行独立性的提高之外，新兴市场国家在采用通货膨胀目标制之后，在提高政策透明度方面更是倾注了全力。如第2章所述，为了赢取公众对政策的理解和支持从而最终增强货币政策的有效性，它们通过各种方式和渠道公开包括货币政策决策和操作在内的广泛信息，并积极地进行与公众的对话和交流，货币政策的透明度从而发生了大幅上升。

Dincer 和 Eichengreen（2007）从政治的透明性、经济预测的透明性、政策上的透明性和操作上的透明性四个视角，对全球100个左右的经济体1998—2005年的货币政策透明度的变化进行了综合分析和定量测度。我们从 Dincer 和 Eichengreen（2007）的研究资料中，摘录本研究样本的各国货币政策的透明性指数汇总于表6-4。

观察表6-4我们发现，新兴市场国家之间的比较显示，2005年与1998年相比，几乎所有的通货膨胀目标制国家的货币政策透明度都有了极大的提高（当然，智利例外；但该国1990年就已宣布采用通货膨胀目标制），但同期间的非目标制国家总体而言却提高幅度很有限（中国例外）；工业国家阵营的比较则显示，与1998年相比，两类国家（通货膨胀目标制国家、非目标制国家）的货币政策透明度虽皆有提高，但差异不大。

综合这两方面的对比分析，我们由此可以得到与表6-3的分析相似的结论：新兴市场国家采用通货膨胀目标制后，货币政策的透明度得到了极大提升，远高于新兴市场国家的非目标制国家；而工业国家中的通货膨胀目标制国家，总体而言其货币政策透明度虽高于非目标制国家，但差距不大。

表6-4　通货膨胀目标制国家及部分非通货膨胀目标制国家的货币政策透明性指数

工业国家中的通货膨胀目标制国家（采用期）	1998 年	2005 年	工业国家中的非通货膨胀目标制国家	1998 年	2005 年
澳大利亚（1993）	8	9	欧洲中央银行	8.5	10.5
加拿大（1991）	10.5	10.5	丹麦	5	6.5
新西兰（1990）	10.5	13.5	日本	8	9.5
瑞典（1993）	9	13	美国	7.5	8.5
英国（1992）	11	12			
挪威（2001）	6	8			
冰岛（2001）	5.5	7.5	—		
瑞士（2000）	6	9.5			
新兴经济体中的通货膨胀目标制国家（采用期）	1998 年	2005 年	新兴经济体中的非通货膨胀目标制国家	1998 年	2005 年
智利（1990）	7	7.5	阿根廷	3	5.5
以色列（1992）	5.5	8.5	马来西亚	4	5
秘鲁（1994）	4.5	8	乌拉圭	5	5
墨西哥（1999）	4	5.5	埃及	1	2
哥伦比亚（1999）	2.5	6	尼日利亚	3.5	4
菲律宾（2002）	3.5	10	巴基斯坦	2.5	3.5
南非（2000）	4	9	突尼斯	2.5	4
波兰（1998）	3	8	萨尔瓦多	2	3
巴西（1999）	3.5	9	中国	1	4.5
泰国（2000）	2	8	俄罗斯	1.5	2.5
捷克（1998）	9	11.5	克罗地亚	1.5	2.5
韩国（1998）	6.5	8.5	—	—	—
匈牙利（2001）	3	9.5			

注：1. 与表6-3一样，因 Dincer 和 Eichengreen（2007）的研究对象中不包含厄瓜多尔、多米尼加等国，所以本研究样本的若干非通货膨胀目标制国家的数据缺失。

2. 指数越大，货币政策透明度越高。

资料来源：基于 Dincer 和 Eichengreen（2007））的资料，笔者制作。

6.3　本章小结

我们围绕"对稳定物价的重视程度、中央银行的独立性、货币政策的透明度"等几个制度性因素展开了新兴市场国家与工业国家之间的比较分析，以探讨"为何新兴市场国家采用通货膨胀目标制后促使了其通货膨胀预期稳定性的显著提升，但在工业国家却影响不大"的原因。

综合以上分析结果，我们认为原因在于，对于工业国家而言，即便不实行通货膨胀目标制，其重视"稳定物价"的政策态势仍较强，并且由于其经济、社会制度等各方面发展的先发性，其中央银行的独立性、货币政策的透明度也较高，因此这些非目标制国家的货币政策事实上同样较好地发挥出了引导和稳定通货膨胀预期的作用；对于工业国家而言，"对稳定物价的重视程度、中央银行的独立性、货币政策的透明度"这些要素条件原本就相对较佳，与新兴市场国家相比通货膨胀预期的稳定性也普遍相对较强，因此工业国家采用通货膨胀目标制之后其对增强通货膨胀预期稳定性的促进作用自然就较有限，影响不大。但是，对于新兴市场国家而言，一旦采用通货膨胀目标制，即意味着将从制度层面正式确定"物价稳定"为货币政策的优先目标，货币政策目标从多重目标向单一目标收敛，这无疑给通货膨胀预期赋予了一个明确的"锚"；同时，中央银行在对实现通货膨胀目标这一承诺负责的"内在动力"和"外部压力"的推动下，中央银行独立性和政策透明度大幅提高，公众对货币政策的理解和支持明显增强。这两方面因素的变化使得新兴市场国家在实行通货膨胀目标制后，通货膨胀预期的稳定性不断地提升。

以上我们从货币政策的三个重要的制度性因素出发，探讨了"为何新兴市场国家采用通货膨胀目标制后促使了其通货膨胀预期稳定性的显著提升,但在工业国家却影响不大"的原因并得到了相应的结论。当然,这一方面的研究还有进一步拓展和深入展开的空间。

第 7 章
新兴市场国家通货膨胀目标制政策实践
的国际考察及在我国可否适用的探讨

通过前三章的研究我们可知，通货膨胀目标制在新兴市场国家显示出了良好的宏观经济政策绩效，并且它对提高新兴市场国家中央银行的责任性和政策透明度，从而增强货币政策的可信度等制度建设方面具有重要的推动作用。那么，这一货币政策在这些国家的具体实践情况又是怎样的呢？同为新兴市场国家并且现行货币政策面临的问题点及挑战越发严峻从而变革压力不断增大的我国可否考虑采用呢？本章在对通货膨胀目标制在新兴市场国家的实践情况进行总括性的系统考察和分析，总结其经验教训之后，结合这些研究内容展开它在我国是否适用的探讨。

7.1　新兴市场国家通货膨胀目标制政策实践的国际考察

7.1.1　通货膨胀目标制日趋流行的背景分析

如前所述，20 世纪 90 年代以来通货膨胀目标制的采用国络绎不绝。只是，从表 2 - 2 我们不难发现，新兴市场国家俨然已成为这股"潮流"的主体：从数量来看，三分之二的采用国为新兴市场国家，远多于工业国家；从发展变化来看，工业国家阵营自 2001 年之后就未出现新成员，而在新兴市场国家通货膨胀目标制却持续"受宠"，90 年代后期以来加入到这一行列的国家络绎不绝，并且 IMF（2006）、Roger（2009）的研究还显示有更多的新兴市场经济体正在考虑采用这一货币政策。

通货膨胀目标制为何受到越来越多新兴市场国家的青睐？分析此背景，从整体上来看，我们可以发现这样一个共同特征：汇率目标制的无以为继迫使这些国家向浮动汇率制（含自由浮动、管理浮动，以下相同）转换后，寻求货币政策新的"名义锚"的客观需要让它们做出了采用通货膨胀目标制的抉择。

我们知道，20 世纪 70 年代布雷顿森林体系崩溃后，大多数发展中国家及新兴市场经济体与部分工业国家一样实行了某种形式的汇率目标制①，通过维持与"锚"国家强势货币的固定比价，控制国内货币存量从而维护本国货币的币值稳定和稳定通货膨胀预期。另外，汇率目标制的缺陷在其实践中也日益凸显：首先是如"蒙代尔不可能三角"理论所揭示的那样，在经济开放度和资本流动不断加大的国际背景下，汇率目标制使得保持独立的货币政策越发困难；更为严重的是，汇率目标制加剧了金融体系的脆弱性、容易受到投机资本的攻击，使一国经济暴露在不稳定的风险之中。而且，基于汇率失调、政策公信力较弱、债务外币化沉重等特有原因，汇率目标制下的新兴市场国家更容易招致投机资本的攻击、引发货币危机，20 世纪 90 年代以来新兴市场国家爆发的数次金融危机，其发生机制概莫能外 ［转引自 IMF（2006）］。为此，大量新兴市场国家纷纷进行了汇率制度的转型，放弃原先的传统钉住或爬行汇率制度，转向浮动汇率制（丁志杰，2005）。

Barro 和 Gordon（1983）、Sevnsson（1997）等众多研究和实践业已表明

---

① 根据 IMF 的分类法，现行汇率制度中的六种（无法定货币、货币局安排、传统的钉住安排、水平区间内的钉住、爬行钉住、爬行区间）都可看作是汇率目标制。

相机抉择型政策存在着时间不一致性从而容易产生通货膨胀倾向，而设定货币政策"名义锚"是解决这一问题的可行方法。因此，这些新兴市场国家在退出汇率目标制、放弃了先前的汇率"锚"之后，急需寻找一个新的"名义锚"来加强货币政策的可信度、引导公众预期。而在此之前，由于货币乘数和货币流通速度的不稳定等因素，货币目标制的实践表现每况愈下；而通货膨胀目标制在一些发达国家的实践却是"可圈可点"。正反两方面的对比促使新兴市场经济体在放弃汇率目标制之后，作出了以通货膨胀目标制为新的"名义锚"的抉择。比如，泰国在东南亚金融危机后转向为浮动汇率制，其货币政策一开始是以货币供应量为中介目标的，但很快发现货币供应量与产出及通货膨胀间的关系很不稳定，于是泰国在 2000 年 5 月宣布转为实行通货膨胀目标制。1999 年初巴西发生了金融危机，致使宙亚尔迅速贬值，政府不得不放弃实行多年的爬行汇率制、允许本币自由浮动；同时为了稳定物价，巴西政府随后实施了通货膨胀目标制。土耳其也是如此，2000 年的国内经济危机迫使其退出爬行钉住制、转向浮动汇率机制后，货币政策"名义锚"的需求最终使它选择了通货膨胀目标制。

综上所述，"浮动汇率体系下通货膨胀目标制逐渐成为货币政策的新宠"（丁志杰、孙小娟，2009）的背景在于：随着新兴市场国家汇率制度的转轨，原先的汇率"锚"的作用在不断下降或消失，然而浮动汇率制使得货币政策操作缺乏制度性约束、产生"时间不一致性"问题和通货膨胀倾向，因此中央银行迫切需要一个在浮动汇率制下能够有效维持政策可信度和物价稳定的货币政策，而通货膨胀目标制的出现恰为这些国家解决了这一问题。①

---

① IMF 报告（2009）显示，包括新兴市场国家在内的所有通货膨胀目标制国家现在采用的都是浮动汇率制度。

7.1.2 通货膨胀目标的偏离

通货膨胀目标制是以通货膨胀率为"名义锚"的货币政策框架，那么，实际运行中其通货膨胀结果"击中目标"的表现如何呢？本小节对此展开分析。

首先，我们具体观察一下智利等四国①的个案情况（见图7-1），可以看出，各国的具体表现虽有差异，但通货膨胀目标的偏离（实际通货膨胀率偏离目标值）却是个常见现象。

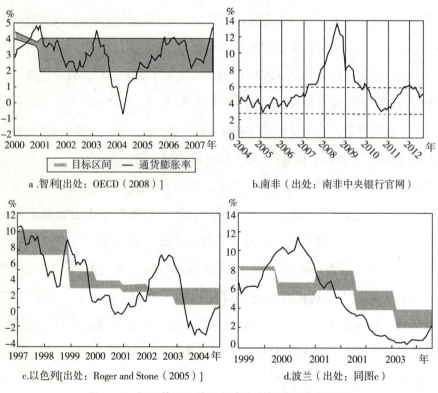

图7-1 智利等四国的通货膨胀率与通货膨胀目标

---

① 出于分析的全面性考虑，此四国分别从不同的地理区域选取。

　　其次，我们进一步分析新兴市场国家在这一方面的整体表现。Mishkin 和 Schmidt – Hebbel（2007）考察了通货膨胀目标制国家在实现通货膨胀目标的精确度方面的表现①，如表 7 – 1 所示，从各国正式实施至 2004 年间，新兴市场国家通货膨胀结果偏离目标的中位值为 1.28%，其中 25% 的国家偏离超过了 2.42%。Roger 和 Stone（2005）也进行了同样的考察（见表 7 – 2）②，并将观察指标更加细化、反映的情况更详细：新兴市场经济体有 52.2% 的时间其通货膨胀率偏离了目标区间（其中，"突破"和"低于"目标区间约各为一半），其偏离的幅度平均为 1.4%③，偏离的持续期平均为 8.3 个月④。

表 7 – 1　　　　　　　通货膨胀结果偏离目标的幅度　　　　　　单位：%

项目	百分位数		
	25	50	75
通货膨胀目标制采用国家	0.46	1.03	1.99
工业国家	0.40	0.77	1.39
新兴市场国家	0.49	1.28	2.42
通货膨胀目标稳定阶段	0.38	0.77	1.46
反通货膨胀阶段	0.63	1.49	2.77

　　资料来源：Mishkin and Schmidt – Hebbel（2007）.

———————

　　①　其样本为工业国家为如表 2 – 2 所示的国家（不含西班牙和芬兰），新兴市场国家为 2005 年之前采用的 13 个国家。
　　②　Roger（2005）的分析样本包含西班牙和芬兰两国，并将以色列和韩国列入工业国家阵营。
　　③　对照表 7 – 1 中位值与表 7 – 2 的平均偏离幅度，我们可以发现两者研究结果的差异不大。
　　④　Roger（2009）对 Roger 和 Stone（2005）进行了更新［分析期间延长至 2008 年、样本成员国曾加至 29 国（表 2 – 2 所示的全部国家，但不包含瑞士），并将成员国分为高收入国、低收入国两组］后研究发现，平均偏离频率、幅度和持久期在高收入国分别为 49.1%、1.2% 和 7.3 个月，在低收入国则分别为 59.6%、2.3% 和 10.3 个月。

表7-2   通货膨胀结果的目标偏离

项目	偏离的频率/%			偏离的幅度/%			偏离的久期/月		
	合计	低于	高于	平均	低于	高于	平均	低于	高于
所有采用国家	43.5	24.2	19.3	1.2	-1.2	1.2	8.3	9.2	7.0
工业国家	34.8	22.5	12.3	0.9	-0.8	1.0	8.2	8.8	7.3
新兴市场国家	52.2	25.9	26.2	1.4	-1.5	1.4	8.3	9.7	6.8
通货膨胀目标稳定阶段	32.2	21.7	10.6	0.9	-1.0	0.7	6.2	8.3	3.7
反通货膨胀阶段	59.7	27.7	32.0	1.4	-1.3	1.4	9.9	10.3	9.0

资料来源：Roger and Stone（2005）.

以上研究还反映出在反通货膨胀阶段，目标的偏离程度更大且更持久，这其实也是新兴市场国家的目标偏离高于工业国家的重要原因所在：除加拿大、西班牙和冰岛外，其他工业国家在通货膨胀目标制实施之际就已进入到通货膨胀目标稳定期；与此相反，绝大多数新兴市场国家在实施之际通货膨胀都较高，采用之后经历过（或还正处于）时间较长的反通货膨胀阶段。

至于目标偏离的成因，Roger 和 Stone（2005）对发生在新兴市场国家的 8 个严重偏离通货膨胀目标的历史阶段进行分析后认为，目标的偏离是由内部和外部冲击共同引起的，最为常见的有因投资者对新兴市场风险预期的改变而引起的资本流动、世界原油价格的变动、一国财政和货币政策的变动、国内食品供应的调整等因素。Cespedes 和 Soto（2005）发现价格冲击（包括汇率及能源价格的重大变动）是解释通货膨胀目标偏离的重要因素。

至此我们可以认识到，由于各种原因，新兴市场国家通货膨胀目标制下其通货膨胀结果"击中目标"的表现并非那么完美。那么，这样的货币政策框架下各国宏观经济的表现是否也并非完美呢？这无疑是令人关注的焦点。

7.1.3　通货膨胀目标制下的宏观经济表现及其政策绩效分析

新兴市场国家通货膨胀目标制下的宏观经济表现如何？这一货币政策的政策绩效怎样？这些相关内容已在第 4、5 章展开了详细的分析。

首先，如表 7-3 及其他众多的研究表明，与这一政策实施之前相比，在通货膨胀目标制下新兴市场国家的宏观经济表现得更佳①，在这一点上几乎不存在争议。

表 7-3　　　　　　　　新兴市场国家宏观经济表现的比较　　　　单位：%

国家组		通货膨胀				实际 GDP			
		通货膨胀率		波动幅度		成长率		波动幅度	
		采用前	之后	采用前	之后	采用前	之后	采用前	之后
目标制国家	①	153.77	5.05	278.15	3.64	3.03	4.26	4.42	2.40
	②	17.04	4.77	9.60	3.26				
非目标制国家	①	58.38	9.96	129.35	8.29	4.06	4.22	3.88	4.01
	②	15.53	8.28	9.94	6.96				

注：1. 此表数据摘录自表 4-2 和表 4-3 最末行的"新兴经济体平均数"。样本时间长度为 1980—2007 年，其他具体说明请见第 4 章。

2. 表中数据为各期间的平均值。符号①为全样本的通货膨胀平均值，符号②为剔除通货膨胀率超过 30% 的国家后所求出的平均值。

3. 此表呈现出通货膨胀目标制下新兴市场国家宏观经济的良好转变：通货膨胀率大幅下降、GDP 成长率上升，同时它们的波动均缩小。

只是，自 20 世纪 90 年代初至本次金融危机之前，全球经济总体而言处于通货膨胀下降、产出提高的良好通道中，因此，新兴市场国家采

---

① 这一方面的研究有 Svenssion（2010）、Roger（2009）、Gonçalves 和 Salles（2008）、IMF（2005）、Batini 和 Laxton（2006）等。不过，其中 Svenssion（2010）的研究由于截至 2009 年，受全球金融危机的影响，通货膨胀目标制采用后的 GDP 平均成长率与采用前相比略有下降；但作为对照组的非采用国家也是如此。

用通货膨胀目标制后良好的宏观经济表现其实在同时期的非目标制国家中同样也能观察到（如表 7 - 3 所示）；故而，需作进一步分析后才能确定其政策绩效。对此，本书在第 4 章进行了详细的分析，研究结论显示，通货膨胀目标制对一国通货膨胀及其波动幅度的下降以及产出波动的缩小均具有积极的政策效果。并且其他众多的研究也同样主张，通货膨胀目标制在新兴市场国家发挥出了改善一国宏观经济表现的良好作用 [比如，Ayres 等（2014）、Mollicka 等（2011）、Lin 和 Ye（2009）、IMF（2006）等]。

至此为止的分析结果似乎令人感到有些矛盾：通货膨胀目标制运行过程中其实际通货膨胀率 "击中目标" 的表现并不理想，但在此货币政策下一国宏观经济却表现良好，并且这一政策对此还具有积极的政策效应。其实，这一现象背后的本质原因在于，货币政策的公信力被公众认可后，实际运行过程中一定程度的通货膨胀目标的偏离并不会对通货膨胀目标制的 "中心思想" 产生多大的负面影响。

关于通货膨胀目标制的 "中心思想"，推崇者们普遍认为，这一政策框架的中心思想在于引导和稳定通货膨胀预期 [如 Bernanke 等（1999）、Svensson（2010）、Mishkin（1999）等]，即通过对通货膨胀目标这一 "名义锚" 的公开设定，有利于增强货币政策的公信力和限制政策 "时间不一致" 问题，从而使人们对未来的通货膨胀形成一种比较稳定的预期。无须赘言，通货膨胀预期的稳定机制对一国宏观经济的良好运行具有非常重要的作用。因此，可以说稳定通货膨胀预期是通货膨胀目标制政策传递途径中的中心环节。那么，这方面的经验证据如何呢？

我们在第 5 章对此进行了深入分析，研究结果表明，通货膨胀目标制在新兴市场国家具有增强一国通货膨胀预期稳定性的效应。其他研究，如 IMF（2008）也认为，在新兴市场经济体，通货膨胀目标制在引导通货膨胀预期稳定方面似乎比其他货币政策表现得更佳。如表 7－4 所示，面对实际通货膨胀 1% 的上升，相对于非目标制国家的正相关反应，通货膨胀目标制国家未来 1 年、3 年、5 年的通货膨胀预期却丝毫未受影响（6～10 年的通货膨胀预期上升了 0.024%，但变化之微小可忽略不计）。还有，Batini 和 Laxton（2006）同样主张这一货币政策在新兴市场国家"锚住"了通货膨胀及通货膨胀预期，而且并未导致产出的下降。[①]

至此我们可以认为，一旦通货膨胀目标制开始发挥作用，它能够有效地引导和稳定通货膨胀预期[②]，这就如汹涛骇浪中竖立了一根"定海神针"那样有利于维持一个稳定的经济成长环境，减轻不利冲击的影响，从而对一国经济的良好运行发挥重要作用。

表 7－4　　　　实际通货膨胀率变化 1% 后的通货膨胀预期反应　　　单位：%

国家组	1 年	3 年	5 年	6～10 年
通货膨胀目标制国家	0.00	0.00	0.00	0.024
非目标制国家	0.23	0.12	0.07	0.00

资料来源：IMF（2008）。

7.1.4　主要经验教训

虽然各个新兴市场采用国家在实施框架、政策操作方式、发展历程

---

① 认为通货膨胀目标制能够引导通货膨胀预期稳定的研究还有张晶和刘雪静（2011）、Carlos 和 Manuel（2010）、Ravenna（2008）、IMF（2005）、Levin 等（2004）、Johnson（2002）等。只是张晶和刘雪静（2011）的研究对象中还含有工业国家。

② 在很多新兴市场国家，通货预期的下降和稳定其实经历了一个过程，因为这一货币政策采用之时通货膨胀较高、政策的公信力低，因此私人部门的通货膨胀预期不会马上降下来，只有在公众对通货膨胀目标制的可信度建立之后，通货膨胀预期才会下降。

等许多方面不尽相同，但仔细考察和分析它们的实践情况后，可以提炼出这样几条具有共性的经验教训。

1. 政策透明度的大幅提高是通货膨胀目标制成功的关键要素

新兴市场经济体及工业国家在实施通货膨胀目标制后，都非常强调货币政策的透明度以及与公众的沟通，它们通过各种手段和渠道（如定期发布的《通货膨胀报告》、官方网站、报刊杂志、专题评论文章，以及与央行高层人员的演讲、报告、接受专访等）对政策目标和操作方式等作出明晰的解释，以提高货币政策的透明度，并促进公众的关注及讨论。透明度的提升一方面可以发挥出一定的约束机制作用，抑制中央银行在政策操作中的"时间不一致"倾向；另外一方面有利于赢得公众对央行的理解和信任，提高货币政策的可信度。如前所述，通货膨胀目标制下其通货膨胀结果偏离目标是个常见现象，但它仍能成功地"锁定"通货膨胀预期，其原因就在于此——透明度和与公众沟通的强调保证了货币政策较高的公信力，所以一定程度的通货膨胀目标的偏离并不会使通货膨胀预期发生较大变化。

2. 要处理好物价稳定与汇率稳定之间的关系

出于减少债务膨胀（以外币计值的债务由于本币的贬值而引起的债务规模增加）、规避外汇风险、保护本国出口等原因，新兴市场国家更希望保持汇率的稳定、进而限制汇率的浮动。

尽管通货膨胀目标制并不意味着忽视汇率的稳定，但对汇率的过分关注可能会产生以下两方面的问题：一是会使汇率成为事实上比通货膨胀目标更优先的"名义锚"，从而损害通货膨胀目标制下的货币政策信誉。如20世纪90年代中期的以色列、哥伦比亚以及21世纪初的匈牙利都曾经在通货膨胀目标制中设定了限制汇率波动的条款，结果造成通货膨胀目标的大幅偏离、政策信誉度的下降。二是有可能会导致货币政策的错误反应，从而造成通货膨胀、产出的恶化。例如，同为本币的贬值，如果此现象是由于国内外资产组合冲击造成的，央行应紧缩货币、提高利率来阻止通货膨胀的上升；但如果是由于贸易条件的恶化、出口下降等冲击造成的，为应对总需求下降而可能产生的通货紧缩压力，此时正确的货币政策举措应是扩张货币、降低利率。即汇率波动对通货膨胀、产出的影响因冲击的性质不同而各异，因此需要酌情制定对应政策；但实际操作中却有可能举措失当，从而对通货膨胀、产出形成负面影响。智利在1998年的政策失误就是这一方面的典型一例。在1998年的俄罗斯金融危机的风暴中，智利中央银行担心如果任由本币贬值的话，其信誉可能受到极大损害；因此，在贸易条件恶化之后，智利央行不但没有采取宽松的货币政策反而提高了利率（至1998年9月，银行间同业利率超过30%），并收缩汇率波动区间；事后看来，这显然是一个错误的政策决定，它导致了智利90年代以来首次的经济衰退，通货膨胀率低于目标值。为此，智利央行遭受到了采用通货膨胀目标制后的首次严重批评，并一度导致中央银行独立性和通货膨胀目标制支持率的下降。

因此，通货膨胀目标制下应对汇率的波动时，央行应始终强调通货膨胀目标的优先权、对汇率的关注不能影响到对通货膨胀的关注。

3. 在实行全面通货膨胀目标制前，设置一定的过渡期是一种可行的策略

与工业国家不同的是，很多新兴市场国家在实行全面（或称为"正式"）通货膨胀目标制之前，通常经历过一段过渡期。政策制定者公布实行通货膨胀目标制框架的意向，或宣布第一个通货膨胀目标后，在或长或短的一段时期内并未完全放弃原来的制度、从而使用双重目标，这标志着过渡期开始，即所谓的"准（初始）通货膨胀目标制"；

当实行全面通货膨胀目标制的大部分条件都满足后，过渡期即告结束，货币政策框架转为全面的通货膨胀目标制。在过渡期，智利、以色列、哥伦比亚还实施爬行汇率区间制，波兰曾同时把汇率和经济增长作为政策目标，土耳其则同时把基础货币增长率作为操作目标。

当实行全面通货膨胀目标制的大部分条件尚不具备时，这些国家实施这种非正式的准通货膨胀目标制，其目的在于"先行展开反通货膨胀的进程"（Stone，2003）；同时，这种渐进推进方式还有利于货币政策的平稳转型，减少对实体经济的振荡影响，并推动和坚定央行及政府的积极改革和最终实行全面通货膨胀目标制的决心。实践表明，这样的策略是一种可行路径。当然，毋庸赘言，在过渡期应逐步降低对其他目标的关注权重、突出通货膨胀目标的优先权（见表7-5）。

表7-5 部分新兴市场国家的过渡期

国家	过渡开始期	实行全面通货膨胀目标制的时间
智利	1990 年 9 月	1999 年 9 月
以色列	1991 年 12 月	1997 年 6 月
南非	1999 年 8 月	2000 年 2 月
菲律宾	2000 年 1 月	2002 年 1 月
秘鲁	1994 年 1 月	2002 年 1 月
土耳其	2002 年 7 月	2006 年 1 月

资料来源：综合安德烈·沙赫特等（2002）、OECD（2008）和菲律宾、秘鲁中央银行资料编制。

4. 如果初始通货膨胀较高，通货膨胀目标应逐步降低

很多新兴市场国家在开始实施通货膨胀目标制时通货膨胀较高，如果过快地降低通货膨胀会对经济增长及就业造成损害，并且事实上通货膨胀也不容易很快被控制、通货膨胀目标的偏离会很大，不利于政策信誉的建立。基于这样的考虑，实践中这些国家往往采取渐进策略，开始

时通货膨胀目标值设定得较高、之后逐步降低，到最后实现其通货膨胀目标与价格稳定目标的一致。事实证明，这样的战略有利于降低反通货膨胀的成本、赢取公众对这一政策的支持。

7.2　对我国可否采用通货膨胀目标制的思考

7.2.1　政策建议

众所周知，我国现代意义上的货币政策始于 1984 年（1984 年初起，中国人民银行开始专门行使中央银行职能），经过 20 余年的发展，其政策工具日趋丰富、宏观调控手段在不断地趋向成熟，但同时其面临的问题点及挑战亦越发严峻。比如，基于中央银行对货币供应量的可控性不足以及货币供应量与物价和产出间相关性的下降等原因，以货币供应量为中介目标的现行货币政策有效性低下的问题；又如，以相机抉择为主的操作方式所导致的政策"时间不一致"问题；再如，在全球资本流动频繁程度加快、我国资本账户不断开放的背景下，我国货币政策应如何相应变革等问题。因此，进入 21 世纪以来，我国货币政策应进行相应变革的呼声越来越强，如彭兴韵（2006）、孙丽（2007）。

一方面是通货膨胀目标制在新兴市场国家的日趋流行并且整体上取得的成功表现，另一方面是我国现行货币政策正面临着越发严峻的挑战和迫切的变革需求。那么，一个很自然的联想就是：我国可否也采用通货膨胀目标制？

围绕这一热点，国内许多学者已进行了一些有意义的研究和探讨，但观点并不一致。我们把它们概括为这样三类。第一类是"支持"型。比如，夏斌和廖强（2001）明确提出货币供应量已不宜作为我国货币政策的中介目标，我国"应建立一个通货膨胀目标制下的货币政策框架";李扬指出中国正面临着货币政策范式的转型问题,通货膨胀目标制是一种可供借鉴的方式(郭建宏,2008)。第二类是持反对观点。比如,陈利平(2007)认为,由于我国货币政策传导机制不畅通,同时货币政策存在较长的时滞,所以即便在通货膨胀目标制下,中央银行也无法对当前经济中的扰动做出正确的估计,相应地也无法解决货币政策的低效率问题;卞志村(2007)也主张,通货膨胀目标制尚不适合在中国的货币政策实践,一个重要的原因是中国正处于经济转轨时期,产出波动和通货膨胀波动都还具有相当程度的非平稳特性。第三类的基本观点则是在对通货膨胀目标制作出积极评价的同时认为我国短期内采用的条件并不完全具备,但目前的货币政策操作中应借鉴其一些有价值的经验,并把它作为我国货币政策的未来调整方向,如卢宝梅(2008)、彭兴韵(2006)。

本书的观点为第一类,认为我国应把通货膨胀目标制纳入现阶段的议事日程,伺机而动,在近期的未来实施这一货币政策。一方面,目前我国在一定程度上仍然采取的是货币供应量和汇率的"双重"名义锚政策,在经济开放度和资本流动不断加大的背景下,维持"双重"名义锚越发困难、成本不断上升;另一方面,基于人民币汇率形成机制市场化程度的加大和货币供应量的可控性、与最终目标的相关性低下等原因,汇率和货币供应量这两个"锚"的作用都将继续不断下降,因此如同上述分析的新兴市场采用国一样需要寻找一个新的名义锚。并且,我们前几章的研究表明,新兴市场国家采用通货膨胀目标制之后,在为实现其承诺的通货膨胀目标的"内在动力"和"外部压力"的推动下,采取了很多措施来增强中央银行的责任性和提高政策透明度各方面的制度建设,从而极大地增强了货币政策的可信度;而理论和实践表明,这对最终提高货币政策的有效性具有重要意义。同时,包括本研究在内的众多实证研究还显示，总体而言通货膨胀目标制在新兴市场国家对一国宏观经济的良好运行具有积极的政策效应、能够稳定通货膨胀预期从而有利于维持一个良好的经济成长环境。综合这些因素，我们认为这一货币政策是一个值得推荐的替代选择。

当然，就具体的政策路径而言，可像那些新兴市场采用国那样渐进推进，即从准通货膨胀目标制开始起步，在过渡期内逐步降低其他兼顾的政策目标权重、突出通货膨胀目标，同时全力推进保证通货膨胀目标制有效运行的制度性及技术性条件的改革和建设；过渡期结束后再转为正式的通货膨胀目标制。

7.2.2　采用通货膨胀目标制前提条件的分析

任何一项经济政策的实施必须依赖一定的宏观经济金融环境，需要一定的前提条件，通货膨胀目标制当然也不例外。关于采用通货膨胀目标制的前提条件，我们综合安德烈（2002）、Carare（2002）、IMF（2005）、谭小芬（2008）等国内外相关研究后认为，其主要包括把稳定物价作为货币政策的首要目标、中央银行具有较强的独立性、中央银行没有维持其他变量尤其是汇率目标的义务、稳定而健全的金融体系、较高质量的通货膨胀预测技能。但正如安德烈（2002）、IMF（2005）等同时指出的那样，这并不意味一国只有满足了所有条件后才能采用通货膨胀目标制。事实上，国际经验考察证明，在一些条件并不完全满足的国家中（新兴市场国家尤其如此），通货膨胀目标制仍能够运行得很好。

对照以上要点分析后我们认为，我国目前已具备了采用这一货币政策框架的基本条件。这主要体现在以下方面。

第一，我国是否可以把稳定物价作为货币政策的首要目标？如第 6

章所述，虽然《中国人民银行法》规定我国货币政策的目标是"保持货币币值的稳定，并以此促进经济增长"，表明价格稳定为首要目标[①]；但在实际操作中，"促进经济增长"和"充分就业"所被赋予的重视权重并不低于"稳定物价"，我国事实上仍然是多重货币政策目标体系。反对我国实施通货膨胀目标制的主要观点之一也体现在这里，他们认为在我国经济结构调整与转型升级中，客观上要求货币能够"发挥更积极作用"，货币政策不仅要稳定物价，还要促进就业、保增长等，所以不宜以价格稳定为首要目标。（1）我国正在逐渐告别长期以来依靠能源、原材料和劳动力等生产要素的高投入、高消耗刺激低端制造业与出口以及重复性投资建设的那种粗放式发展模式，而在促进我国经济的平稳发展和经济结构的调整与转型升级中，营造一个良好、稳定的经济环境至关重要，其中物价稳定或者通货膨胀预期的稳定是最重要的一环；（2）如我们之前分析中反复强调的那样，通货膨胀目标制并不是只关注通货膨胀目标而不顾及其他目标的"教条主义"般的规则，在实践中，各个中央银行在坚持中长期地实现通货膨胀目标的同时，又允许它灵活地应对经济冲击，兼顾其他目标。所以，我们认为把稳定物价作为货币政策的首要目标并不会损害我国经济的发展[②]，恰恰相反，它有利于营造一个良好、稳定的经济环境，从而对我国经济的可持续发展发挥重要作用。

第二，中国人民银行的独立性在一定程度上得到了保证。这主要体现在两方面：一方面，《中国人民银行法》第二十九条禁止中央银行为财政部门直接融资，这一制度安排限制了财政赤字和政府行为对中央银

---

① 如前所述，也有部分学者认为［如孔燕（2008）］这一规定本身含义就不明确清晰，因为稳定币值包含了两层含义：一是国内价格稳定，二是汇率稳定。

② 需注意的是，稳定物价，并不仅指抑制通货膨胀，同时也指防止通货紧缩。

行货币发行的影响（所谓的"财政控制"），对保证一国中央银行的独立性具有重要意义。另一方面，《中国人民银行法》第二条规定，"中国人民银行在国务院领导下，制定和实施货币政策"；第五条规定，"中国人民银行就年度货币供应量、利率、汇率和国务院规定的其他重要事项作出的决定，报国务院批准后执行"。从以上法律条款看中国人民银行的独立性仍较弱。但从实际运作上来看，人民银行在货币政策制定和实施方面提出的方案一般都能得到国务院的顺利批准及有力支持，特别是在货币政策的具体运作（政策工具的独立性）上，国务院越来越重视其自主性操作。

第三，人民币汇率形成机制改革已取得重大进展。我国自2005年7月21日起已开始实行以市场供求为基础、有管理的浮动汇率制度；并且自2007年5月以来，多次增强人民币汇率上下浮动的弹性，加快推进人民币汇率形成机制向市场化方向迈进的改革步伐[1]。近年来外汇市场汇率的波动也显示出人民币汇率的双向浮动弹性在不断增强，市场供求关系在汇率决定中所起的作用在提升[2]。这也为我国实行通货膨胀目标制提供了很好的条件。

第四，关于我国是否拥有高质量的进行通货膨胀预测的专业技能条件，回答当然是否定的；这是一些学者否定通货膨胀目标制在我国可行性的另一重要原因。但我们想指出的事实是，实行这一货币政策的决大

---

[1] 这主要有，2007年5月21日起，将银行间即期外汇市场人民币兑美元交易价的浮动幅度从中间价上下0.3%扩大至上下0.5%；在基本摆脱了2008年国际金融危机的影响、经济运行趋于平稳的背景下，2010年6月18日，人民银行决定进一步推进人民币汇率形成机制改革，增强人民币汇率弹性；2012年4月16日、2014年3月17日，分别扩大即期外汇市场人民币兑美元汇率的浮动幅度（前者为将中间价上下0.5%扩大至上下1%，后者为将上下1%扩大为上下2%）；2015年8月11日起，完善人民币兑美元汇率中间价报价机制，提高中间价形成的市场化程度。
[2] 人民银行研究局首席经济学家马骏在2015年4月的学术讲座和8月16日的答记者问中均强调，人民银行已基本退出了对外汇市场的常态化干预。

多数新兴市场国家在这一方面的表现其实并不佳（实际上，即便对发达国家的中央银行而言这也是一项具有挑战性的工作），之前的分析我们业已看到，从这些国家的实践来看，通货膨胀目标的偏离是个常见现象。但是，由于中央银行和政府对此目标负责的行为和努力赢得了公众的信任，政策公信力并未由此受到损害，通货膨胀目标制依然在各方面发挥出其积极的政策效应。

综上所述，我们认为我国目前已具备了实行这一货币政策框架的基本条件。当然我们也不讳言，由于我国金融体系尚不健全、利率市场化定价机制尚不成熟等因素，货币政策的传导机制还不够通畅，但是，正如安德烈（2002）、斯文森（2010）等所指出的那样，"一个国家转向全面的通货膨胀目标制之前，这些条件不一定都具备"，事实上，没有哪一个采用通货膨胀目标制的新兴市场国家在实施之初就完全具备了这些条件（部分工业国家也是如此）。其实，通货膨胀目标制的是否可行和成功，中央银行和政府的积极性和主动性才是最关键的因素（在实施之后，中央银行和政府是否有对其承诺负责的决心并积极地推进制度性、技术性和经济结构等方面的改革和建设）。

7.3 本章小结

通货膨胀目标制的兴起是20世纪90年代以来国际货币政策领域的一个重要发展，而新兴市场国家俨然已成为这股"潮流"的主体。本章首先对通货膨胀目标制在新兴市场国家的实践情况进行了总括性的考察、分析和总结。浮动汇率机制下寻求货币政策新的"名义锚"是其日趋流行的背景所在，通货膨胀目标制的"中心思想"在于稳定通货膨胀预期，并通过这一核心变量对新兴市场国家宏观经济的良好运行发挥出了积极的政策绩效，"强调政策的透明度、应对汇率波动时须保持通货膨胀目标的优先权、设置过渡期渐进推进以及通货膨胀目标的逐步降低"是其政策实践中具有共性的主要经验教训。其次，本书对我国可否采用这一货币政策进行了探讨；鉴于货币供应量和汇率"名义锚"的难以为继，以及通货膨胀目标制在新兴市场国家良好的宏观经济政策绩效和在提高货币政策可信度等制度性建设上的积极成果，我们认为这一货币政策是一个值得推荐的替代选择，在近期的未来可考虑采用。至于采用通货膨胀目标制的前提条件，我们经过分析主张，我国已具备了基本条件。

参考文献

[1] 艾洪德，武志. 发展中国家通货膨胀目标制货币政策的适应性分析 [J]. 国际金融研究，2005（8）：57-62.

[2] 安德烈·沙赫特，马克·斯通，等. 新兴市场国家实行通货膨胀目标制所面临的实际问题 [M]. 中国金融出版社，2002.

[3] 卞志村. 通货膨胀目标制理论、实践及在中国的检验 [J]. 金融研究，2007（9）：42-54.

[4] 曹华. 通货膨胀目标制研究 [M]. 中国金融出版社，2006.

[5] 陈利平. 通货膨胀目标制并不能解决我国货币政策低效率问题——一个基于政策时滞和扰动冲击的研究 [J]. 经济学（季刊），2007（3）：1115-1126.

[6] 陈明. 中国通货膨胀目标制研究 [M]. 经济科学出版社，2011.

[7] 丁志杰. 全球汇率体系继续向有管理浮动回调 [N]. 金融时报，2005-09-23.

[8] 丁志杰，孙小娟. 最新10年国际汇率体系变迁 [J]. 国际贸易，2009（12）：48-51.

[9] 郭建宏. 2008年中国经济形势与热点问题研讨会综述 [J]. 经济学动态，2008（3）：4-11.

［10］贺力平．货币政策新方向：反通货膨胀及其理论依据［J］．经济研究，1998（2）：25－30.

［11］何海峰，于卫国．2015年中国金融政策报告［R］．17－28，中国金融出版社，2015.

［12］姜波克，朱云高．论人民币资本账户开放下货币政策制度的选择［J］．复旦学报，2004（6）：40－48.

［13］孔燕．通货膨胀目标制在中国的适用性探讨［M］．经济科学出版社，2008.

［14］李扬．货币政策目标的转换及货币政策工具的选择——英国的经验及其对中国的借鉴［J］．财贸经济，1996（3）：55－59.

［15］刘东华．通货膨胀目标制稳定通胀预期了吗？［J］．财贸经济，2014（7）：62－71.

［16］刘东华．新兴经济体通货膨胀目标制政策实践［J］．经济学动态，2012（9）：144－149.

［17］刘东华．通货膨胀目标制宏观经济政策效应之"非对称性"的验证［J］．金融研究，2011（1）：52－63.

［18］刘东华．通货膨胀目标制"锚住"通胀预期的实证检验及其对我国的政策启示［J］．经济科学，2009（10）：19－32.

［19］刘东华．"通胀目标法"在日本的争议［J］．现代日本经济，2004（3）：38－42.

［20］柳永明．通货膨胀目标制的理论与实践：十年回顾［J］．世界经济，2002（2）：23－30.

［21］卢宝梅．追逐价格稳定目标的货币政策策略：通胀目标制［J］．南京大学校刊，2008（5）：33－42.

［22］卢宝梅．汇率目标制、货币目标制和通货膨胀目标制的比较

及其在我国的应用的探讨 ［J］. 国际金融研究，2009（1）：69－80.

［23］钱小安. 货币政策规则 ［M］. 商务印书馆，2002.

［24］牛筱颖. 通货膨胀目标制：理论与实践 ［M］. 社会科学文献出版社，2007.

［25］牛筱颖. 通货膨胀目标制研究与实践评述 ［J］. 经济评论，2006（2）：113－119.

［26］彭兴韵. 论中国货币政策框架的调整 ［J］. 经济学动态，2007（9）：14－20.

［27］谭小芬. 通货膨胀目标制、货币政策规则与汇率 ［M］. 中国财政经济出版社，2008.

［28］谭小芬. 通胀目标制与宏观经济绩效：最新研究进展与评述 ［J］. 经济评论，2007（5）：100－106.

［29］魏永芬. 货币政策透明度理论与实践问题研究 ［M］. 北京师范大学出版社，2008.

［30］谢平，廖强. 当代货币政策理论的新进展：中国金融理论前沿 ［M］. 社会科学文献出版社，2000.

［31］夏斌，廖强. 货币供应量已不宜作为我国货币政策的中介目标 ［J］. 金融研究，2001（8）：33－43.

［32］肖曼君. 通货膨胀目标制的国际比较研究 ［M］. 湖南大学出版社，2007.

［33］奚君羊，刘卫江. 通货膨胀目标制的理论思考——论我国货币政策中介目标的重新界定 ［J］. 财经研究，2002（4）：3－8.

［34］孙丽. 通货膨胀目标制：理论与实践 ［M］. 学林出版社，2007.

［35］张晶，刘雪静. 从中间目标选择看通货膨胀目标制在当前中

国的可行性 [J]．财贸经济，2011 (9)：39 – 46.

[36] Akeblof A. , Dickens W. , Perry G. (1996), The Macroeconomics of Low Inflation. Brookings Papers on Economic Activity (1): 1 – 59.

[37] Arnone, M. , Laurens, B. J. , Segalotto, J. , Somme, M. (2007), Central Bank Autonomy: Lessons from Global Trends, IMF Working PaperWP/07/88.

[38] Ayres, K. , Belasen, A. , Kutan, A. (2014), Does Inflation Targeting Lower Inflation and Spur Growth?, Journal of Policy Modeling, 36 (2): 373 – 388.

[39] Ball, L. and Sheridan, N. (2005), Does Inflation Targeting Matter? The Inflation – Targeting Debate, University of Chicago Press, pp. 249 – 276.

[40] Barro, R. J. , and Gordon, D. (1983), Rules, Discretion, and Reputation in a Model of Monetary Policy, Journal of Monetary Economics 12, pp. 101 – 121.

[41] Bernanke, B. S. , Launach, T. , Mishkin, F. S. , Posen, A. S. (1999), Inflation Targeting: Lessons from the International Experience, Princeton University Press.

[42] Briault, B. (1995), The Costs of Inflation, Bank of England Quanterly Bulletin 35 (Feb.), pp. 33 – 45.

[43] Carlos, C. and Manuel, R. (2010), Does Inflation Targeting Affect the Dispersion of Inflation Expectations? Journal of Money, Credit and Banking, No. 1, pp. 113 – 134.

[44] Cecchetti, S. G. , Hooper, P. , Kasman, B. C. , Schoenholtz,

K., Watson, M. W. (2007), Understanding the Evolving Inflation Process, U. S., Monetary Policy Forum 2007, Available at http://www. brandeis. edu/global/pdfs/rosenberg_ institute/usmpf_ 2007. pdf.

[45] Cecchetti, S. and Ehrmann, M. (1999), Does Inflation Targeting Increase Output Volatility? An International Comparison of Policymakers' Preferences and Outcomes, NBER Working Paper, No. 7426.

[46] Cespedes, L. F. and Soto, C. (2005), Credibility and Inflation Targeting in an Emerging Market: Lessons from the Chilean Experience, International Finance 8 (3), pp. 545 – 575.

[47] Corbo, V., Landarretche, O., Schmidt – Hebbel, K. (2002), Does inflation targeting make a Difference? Working Papers Central Bank of Chile No. 106.

[48] Cukierman, A. (2008), Central Bank Independence and Monetary Policymaking Institutions — Past, Present and Future, European Journal of Political Economy, Vol. 24, pp. 722 – 736.

[49] Cukierman, A., Webb, S., Neyapti, B. (1992), Measuring the Independence of Central Banks and Its Effect on Policy Outcomes, The World Bank Economic Review 6, pp. 353 – 398.

[50] Dincer, N. and Eichengreen, B. (2007), Central Bank Transparency: Where, Why and With What Effects? NBER Working Paper, No. 13003.

[51] Eichengreen, B. (2002), Can Emerging Markets Float? Should They Inflation Target? Revision a Paper Presented to a Seminar at the Central Bank of Brazil.

[52] Friedman, B. M. and Kuttner, K. N. (1996), A Price Target for

U. S. , Monetary Policy? Lessons from the Experience with Money Growth Targets, Brookings Papers on EconomicActivity 27（1）.

［53］ Friedman, M. (1968), The Role of Monetary Policy, American Economic Review 58, pp. 1 - 17.

［54］ Geraats, P. (2009), Trends in Monetary Policy Transparency, CESifo Working Paper No. 2584.

［55］ Giannoni, M. P. and Woodford, M. (2003), Optimal Inflation Targeting Rules, NBER Working Paper No. 9939.

［56］ Ginindza. , M. and Maasoumi. , E. (2013), Evaluating Inflation Targeting Based on the Distribution of Inflation and Inflation Volatility, The North American Journal of Economics and Finance, Vol. 26: 497 - 518.

［57］ Gonçalves, C. E. S. and Salles, J. M. (2008), Inflation Targeting in Emerging Economies: What Do The Data Say? Journal of Development Economics, No. 85, pp. 312 - 318.

［58］ Grilli, V. , Masciandro, D. , Tabellini, G. (1991), Political and monetary institutions and public financial policies in the industrial countries. Economic Policy 13, pp. 341 - 392.

［59］ Groshen, E. L. and Schweitzer, M. E. , (1996), The Effects of Inflation on Wage Adjustments in Firm - Level Data: Grease or Sand? Federal Reserve Bank of New York Staff Reports, No. 9.

［60］ Gurkaynak, R. S. , Swanson, E. and Levin, A. , Does Inflation Targeting AnchorLong - RunInflation Expectations? Evidence from Long - Term Bond Yields in the U. S. , U. K. , and Sweden. *Journal of the European Economic Association*, No. 8, Vol. 42, 2010, pp. 1208 - 1241.

［61］ Gürkaynak, R. S. , Sack, B. and Wright, J. H. (2010), The

TIPS Yield Curve and Inflation Compensation, American Economic Journal: Macroeconomics 2 (1), pp. 70 – 92.

[62] Hammon, G. (2012), State of the art of inflation targeting, CCBS Handbook No. 29.

[63] Henry Simons (1948), *Economic Policy for a Free Society*, The Univercity of Chicago Press.

[64] Honda Yuzo (2000), Some Tests on the Effects of Inflation Targeting in New Zealand, Canada, and the United Kingdom, Economics Letters, 66 (1), pp. 1 – 6.

[65] Hyvonen, M. (2004), Inflation Convergence Across Countries, Reserve Bank of Australia Discussion Paper, 2004 (4).

[66] IMF (2009), De Facto Classification of Exchange Rate Regimes and Monetary Policy Frameworks, IMF website.

[67] IMF (2008), World Economic Outlook, Available at http: // www. imf. org/external/pubs/ft/weo/2008/02/pdf/text. pdf.

[68] IMF (2006), Inflation Targeting and the IMF, Available at https: //www. imf. org/external/np/pp/ eng/2006/031606. pdf.

[69] IMF (2005), Dose Inflation Targeting Work in Emerging Markets ? IMF website. Irving Fisher (1945), 100% money, City Printing Compay.

[70] Jacome, H. L. (2001), Legal Central Bank Independence and Inflation in Latin America During the 1990s, IMF Working Paper WP/01/212.

[71] Jeffey, M. W. (2012), Introductory Econometrics: A Modern Approach (5 edition), Cengage Learning.

［72］ Johnson, D. R. (2002), The Effect of Inflation Targeting on the Behavior of Expected Inflation: Evidence from an 11 Country Panel, Journal of Monetary Economics 49 (8), pp. 1521 – 1538.

［73］ Jordan, T. (2001), Monetary Control Uncertainty and Inflation Bias, Journal of Economics, 73 (2), pp. 125 – 147.

［74］ King, M. (1997), Changes in UK monetary policy: Rules and Discretion in Practice, Journal of Monetary Economics, 39 (1), pp. 81 – 97.

［75］ King, M. (2005), Monetary Policy: Practice Ahead of Theory, Available at www. bankofengland. co. uk/publications/speeches/2005/pdf.

［76］ Kydland, F. E. and Prescott, E. C. (1977), Rules Rather than Discretion: The Inconsistency of Optimal Plans, Journal of Political Economy 85, pp. 473 – 492.

［77］ Kuttner, K. N. , (2004), The Role of Policy Rules in Inflation Targeting, Federal Reserve Bank of St. Louis Review, 86 (4), pp. 89 – 111.

［78］ Lagos, Richardo and Randall Wright (2005), A Unified Frame Work for Monetary Theory and Policy Analysis, Journal of Political Economy, 113 (3), pp. 463 – 484.

［79］ Levin, A. T. , Natalucci, F. M. and Piger, J. M. (2004), The Macroeconomic Effects of Inflation Targeting, Federal Reserve Bank of St. Louis Review, 86 (4), pp. 51 – 80.

［80］ Leiderman, L. and Svensson, L. E. O. (1995), Inflation Targets, Centre for Economic Policy Research, London, UK.

［81］ Lin, Shu and Ye, Haichun (2007), Does Inflation Targeting Really Make a Difference? Evaluating the Treatment Effect of Inflation Targeting in Seven Industrial Countries, Journal of Monetary Economics, 54 (8): 2521 – 2533.

[82] Lin, Shu and Ye, Haichun (2009), Does Inflation Targeting Make a Difference in Developing Countries? Journal of Development Economics, 89 (1): 118 – 123.

[83] Lucas Jr., Robert E. (2000), Inflation and Welfare, Econometrica, 68 (2), pp. 247 – 274.

[84] Mark R. S. (2003), Inflation Targeting Lite, IMF Working Paper WP/03/ 12.

[85] Martin, F. (1997), The Costs of Benefits of Going from Low Inflation to Price Stability, NBER Working Paper, No. 5469.

[86] Masson, P. R., Savastano, M. A., Sharma, S. (1997), The Scope for Inflation Targeting in Developing Countries. IMF Working Paper 97/130.

[87] Mishkin, F. S. (2007), Inflation Dynamics, International Finance, 10 (3), pp. 317 – 334.

[88] Mishkin, F. S. and Schmidt – Hebbel, K. (2007), Does Inflation Targeting Make a Difference? NBER Working Paper No. 12876.

[89] Mishkin, F. S. and Schmidt – Hebbel, K. (2001), One Decade of Inflation Targeting inthe World: What do We Know and What do We Need to Know? NBER Working Paper, No. 8397.

[90] Mishkin, F. S. (1999), International Experiences with Different Monetary Policy Regimes, Journal of Monetary Economics 43 (3), pp. 579 – 605.

［91］ Mishkin, F. S. (1997), Strategies for Controlling Inflation, NBER Working Paper No. 6122.

［92］ Mollicka, A. V., Cabralb, R., Carneiro, F. G. (2011), Does Inflation Targeting Matter for Output Growth? Evidence from industrial and Emerging Economies, Journal of Policy Modeling, Vol. 33, pp. 537 −551.

［93］ Nicoletta, B. and Laxton, D. (2006), Under What Conditions Can Inflation Targeting Be Adopted? The Experience of Emerging Markets, Central Bank of Chile Working Papers No. 406.

［94］ OECD (2008), Monetary Policies and Inflation Targeting in Emerging Economies, Available at http: //www. sourceoecd. org/emergingeconomies/9789264044623.

［95］ P'etursson, T. G. (2004), The Effects of Inflation Targeting on Macroeconomic Performance, Central Bank of Iceland Working Paper 23.

［96］ Phelps, E. S. (1967), Phillips Curves, Expectations of Inflation and Optimal Unemployment over Time, Economica34, pp. 254 −281.

［97］ Phillips, A. W. (1958), Relation between Unemployment and the Rate of Change of Money Wage Rates in the United Kingdom, Economica25, pp. 283 −299.

［98］ Ravenna, F. (2008), The Impact of Inflation Targeting: Testing the Good Luck Hypothesis, Available at http: //www. cirpee. org/ fileadmin/documents/ Cahiers_ 2010/ CIRPEE 10 −29. pdf.

［99］ Roger, S. (2010), Inflation Targeting Turns 20, Finance & Development, March 2010.

［100］ Roger, S. (2009), Inflation Targeting at 20: Achievements and Challenges, IMF WorkingPapers, WP/09/236.

［101］Roger, S. and Stone, M. (2005), On Target? The International Experience with Achieving Inflation Targets, IMF Working Papers, WP/05/163.

［102］Rogoff, K. (1985), The Optimal Degree of Commitment to an Intermediate Monetary Target, Quarterly Journal of Economics 100 (4), pp. 1169 – 1189.

［103］Rudebusch, G. D. and Svensson, L. E. O. (1998), Policy Rules for Inflation Targeting, NBER Working Papers No. 6512.

［104］Salem, A. and Diedm, T. (2012), Inflation Targeting: A Three – decade Perspective, Journal of Policy Modeling 34 (5), pp. 621 – 645.

［105］Schaechter, A., Stone, M. R., Zelmer, M. (2000), Adopting Inflation Targeting: Practical Issues for Emerging Market Countries, IMF Working Paper, Available At http: //www. imf. org/ external /pubs /nft/ op/ 202/.

［106］Stock, J. H. and Watson, M. W. (2007), Why has U. S. Inflation Become Harder to Forcast? Journal of Money, Credit, and Banking, Supplement to Vol. 39, pp. 3 – 34.

［107］Svensson, L. E. O. (2010), Inflation Targeting, NBER Working Paper, No. 16654.

［108］Svensson, L. E. O. (2002), Inflation Targeting: Should It be Modeled as an Instrument Rule or a Targeting Rule, European Economic Review, 46, pp. 771 – 780.

［109］Svensson, L. E. O. (2000), Open – economy Inflation Targeting, Journal of International Economics, 50 (1), pp. 155 – 183.

［110］Svensson, L. E. O. (1997), Inflation Forecast Targeting: Implementing and Monitoring Inflation Targets, European Economic Review, 41, pp. 1111 – 1146.

［111］Vega, M. and Winkelried, D. (2004), Inflation Targeting and Inflation Behavior: A Successful Story? International Journal of Central Banking, No. 3, pp. 153 – 175.

［112］Walsh, C. E. (1998), Monetary Theory and Policy, The MIT Press.

［113］Walsh, C. E. (1995), Optimal Contracts for Central Bankers, American Economic Review 85 (1), pp. 150 – 67.

［114］Woodford, M. (2010), Optimal Monetary Stabilization Policy, NBER Working Paper No. 16095.

［115］Woodford, M. (2005), Central – Bank Communication and Policy Effectiveness, A Paper Presented at a Symposium Sponsored by the FRB Kansas City, 25 – 27 Aug.

［116］Woodford, M. (2004), Inflation Targeting and Optimal Monetary Policy, Federal Reserve Bank of St. Louis Review, 86 (4), pp. 15 – 41.

［117］Woodford, M. (2003), Interest and Prices: Foundations of a Theory of Monetary Policy, Princeton University Press, pp. 381 – 626.

［118］Wu Yangru and Zhang Junxi (1998), Endogenous Growth and the Welfare Costs of Inflation: A Reconsideration, Journal of Economic Dynamicsand Control, 22 (3), pp. 465 – 482.

［119］伊藤 隆敏 (2013)、『インフレ目標政策』、日本経済新聞社。

［120］伊藤　隆敏・林　伴子（2006）、『インフレ目標と金融政策』、東洋経済新報社。

［121］伊藤　隆敏・林　伴子（2003）、「アジア4カ国のインフレ・ターゲティングによる金融政策の評価」、『開発金融研究所報』Vol. 16、pp. 151 – 171。

［122］上田　晃三（2008）、「インフレーション・ターゲティングの変貌：ニュージーランド、カナダ、英国、スウェーデンの経験」、『日本銀行ワーキングペーパーシリーズ』10 月号。

［123］大杉　八郎（2006）、「ニュー・ケインジアン・モデルとテイラー・ルール」、『経済論集』）、Vol. 31（2）、pp. 225 – 259。

［124］岡野　衛士（2005）、「インフレ・ターゲティングがもたらす社会厚生の実証分析」、『経済分析』（内閣府経済社会総合研究所）Vol. 175、pp. 81 – 104。

［125］岡野　衛士（2003）、「なぜインフレターゲティングか?：動学的非整合性からインフレターゲティングに至るまでの議論とその変遷」、『一橋研究』Vol. 28（1）、pp. 1 – 16。

［126］小林　俊之（2003）、「アジアのインフレ・ターゲティング」、『みずほ総研論集』創刊号。

［127］粕谷　宗久・大島　一朗（2000）、「インフレ期待の変化とインフレの慣性」、『日本銀行調査統局ワーキングペーパーシ』No. 00 – 11。

［128］久保　彰宏（2007）、「東アジア諸国のインフレ・ターゲティングに対する一考察」、『經濟學雜誌』3 月号、pp. 90 – 107。

［129］白塚　重典（2000）、「物価指数の計測誤差と品質調整手法：わが国 CPIからの教訓」、『金融研究』3 月号、pp. 155 – 176。

［130］白塚　重典・藤木　裕（1997）、「ウォルシュ・スベンソン型モデルについて」、『金融研究』9 月号、pp. 33 - 59。

［131］武内　良樹（2004）、「インフレ・ターゲティング」、『ファイナンス』7 月号、pp. 7 - 26。

［132］林　伴子（2003）、『マクロ経済政策の「技術」：インフレ・ターゲティングと財政再建ルール』、日本評論社。

［133］林　伴子（2002）、「アジア諸国のインフレーション・ターゲティングと為替政策」、『開発金融研究所報』4 月号、pp. 114 - 141。

［134］藤木　裕一（1998）、『金融市場と中央銀行』、東洋経済新報社。

［135］日本銀行企画室（2000）、「米国連邦準備制度および欧州中央銀行の「物価の安定」についての考え方」、available at http：//www. boj. or. jp/research/brp/ron_ 2000/ ron0009a。

［136］劉　東華（2001）、「インフレ・ターゲティングの論点とその評価」、『経済学研究』2 月号、pp. 1 - 16。

［137］劉　東華（2002）、「諸外国のインフレ・ターゲティングに基づく金融政策運営の実際」、『経済学論叢』3 月号、pp. 43 - 57。

［138］劉　東華（2008）、「インフレ・ターゲティングの導入要因及びマクロ経済への影響についての実証分析」、『経済学研究』2 月号、pp. 1 - 11。

［139］劉　東華（2010）、「インフレ・ターゲティングはインフレ期待の安定化をもたらしたか」、日本金融学会 2010 年度秋季大会報告論文（神戸大学）。

后　记

我对通货膨胀目标制的研究，最早开始于 1999 年，当时我在日本广岛大学研究生院留学。1998 年 5 月，美国著名经济学家克鲁格曼（Paul R. Krugman，2008 年度诺贝尔经济学奖获得者）在他的个人官网上发表了 "Japan's Trap" 一文《日本的陷阱》，在对日本经济自 20 世纪 90 年代初泡沫经济崩溃以来长期停滞不前的原因进行分析后，克鲁格曼开出了这么一个"处方单"：建议日本采用通货膨胀目标制并且设定较高的通货膨胀目标，这样来"唤起"较高的通货膨胀预期，从而达到降低实际利率（注：当时日本已实行"零利率"政策，通货膨胀率在 0 附近上下波动）、进而刺激经济恢复的目的。这一论文发表后在日本社会引起轰动，日本的官、学、经各界对此展开了非常激烈的争论。在此背景下，我对通货膨胀目标制从关注到之后开始了早期研究。

2002 年我留学回国后进入到上海对外贸易学院（现上海对外经贸大学）任教。最初近 3 年，因主观上个人懈怠、客观上教学任务繁重等原因，对此研究停滞不前。2005 年秋，以获得一项上海市教委人文社科研究课题为契机，重新回到了这一研究领域。之后，我又分别获得了 2009 年教育部人文社科一般项目和 2012 年上海市教委科研创新项目重点课题的立项资助，并陆续在《金融研究》、《财贸经济》、《经济科学》、《经济学动态》等国家级核心刊物及国际会议发表了 10 篇相关研究论文。本书就是在这些研究成果的基础上修改、扩展而成的。

在本书即将付梓出版之际,感激之情充溢心头。首先衷心地感谢上海对外经贸大学金融学院给予我资助出版的这次机会,以及多年来诸多同人对我的帮助和鼓励!其次,我还想借此机会对我在日本广岛大学留学期间以及回国后仍一直给我很大帮助的两位老师:千田隆教授和菅寿一教授表示真挚的感谢!

当然,本书若干处还有进一步拓展和深入展开研究的空间,一些细节地方可能存有纰漏。敬请各位读者批评指正!